Ricarda Nolte

Köstlicher
Kürbis

Rezepte für jede Jahreszeit

Weltbild

Inhalt

+ +

Kochen mit Kürbis   4

Kleine Kürbiskunde   6
Sommer- und Winterkürbisse   6
Beliebte Kürbisarten   7
Kürbis ist gesund   10
Kürbiskerne selber ernten   11
Kürbissprossen selber machen   11

Salate und Vorspeisen   12

Suppen und Eintöpfe   28

Vegetarische Hauptspeisen   42

Hauptgerichte mit Fleisch und Geflügel   62

Hauptspeisen mit Fisch   72

Desserts   82

Gebäck — süß und pikant   92

Marmeladen und Eingemachtes   106

Halloween-Party   118

Über dieses Buch   127

Stichwortverzeichnis   128

Kochen mit Kürbis

+ +

Jedes Jahr im Herbst ziehen auf den Märkten und in den Auslagen der Gemüsegeschäfte die riesigen gelben, leuchtend orangefarbenen oder grüngesprenkelten Kürbisse alle Blicke auf sich. Man bewundert und bestaunt sie, aber was soll man eigentlich mit so einem Kürbis anfangen?

Ist Ihnen zu »Kürbis« bisher auch höchstens Kürbissuppe eingefallen? Zugegeben – eine Delikatesse, aber im Kürbis stecken unendlich mehr Möglichkeiten!

In der deutschen Küche war der Kürbis lange Zeit in Vergessenheit geraten und erlebt nun seit einigen Jahren sein furioses Comeback. Und das hat er wirklich verdient! Er ist gesund, vitaminreich, kalorienarm und vor allem so vielseitig wie kein anderes Gemüse.

DER KÜRBIS — EIN MULTITALENT

Kürbisse sind unglaublich variabel. Ob als Vorspeise, Suppe, Hauptgericht oder Dessert, als Chutney oder Marmelade: Man kann sie roh essen, kochen, dünsten, braten, grillen, dämpfen, pürieren, backen, frittieren oder einlegen. Sie schmecken süß, herzhaft, sauer oder scharf gewürzt. Und nicht nur ihr Fleisch ist zum Verzehr geeignet, sondern auch die Kerne und die Blüten.

Aus großen runden Kürbissen können Sie Halloween-Lampions schnitzen, ausgehöhlte kleine Kürbisse eignen sich zum Servieren von Suppen und Salaten oder als Tischdekoration.

In Afrika und Südamerika – wie früher auch in Europa – dienen getrocknete Flaschenkürbisse als Trinkbehälter. Aus den Schalen werden die unterschiedlichsten Haushaltsgegenstände hergestellt.

ZU DEN REZEPTEN IN DIESEM BUCH

Bei den Rezepten sind – bis auf wenige Ausnahmen – keine bestimmten Kürbissorten genannt. Sie können in diesen Fällen jeden Winterkürbis verwenden, entscheiden Sie nach Ihrem Geschmack und dem lokalen Angebot. Alle Rezepte sind, außer bei der Halloween-Party, für vier Personen berechnet.

Kleine Kürbiskunde

Der Kürbis (Cucurbita) ist eine der ältesten Kulturpflanzen der Welt. Schon vor über 8000 Jahren stand er in Mittel- und Südamerika auf dem Speisezettel. Doch erst im 15. Jahrhundert kam er durch die spanischen Eroberer nach Europa. Bis dahin gab es hier nur den aus Afrika stammenden Flaschenkürbis, von dem hauptsächlich die Schale verwendet wurde: als praktisches Wassergefäß.

Botanisch gesehen gehören Kürbisse nicht zu den Gemüsen, sondern zu den Beerenfrüchten. Die Familie der Kürbisse besteht aus verschiedenen Arten, von denen die drei wichtigsten der Riesenkürbis (Cucurbita maxima), der Gartenkürbis (Cucurbita pepo) und der Moschuskürbis (Cucurbita moschata) sind. Zu den Riesenkürbissen zählen nicht nur bis zu 100 Kilogramm schwere Riesenfrüchte, sondern auch kleine Sorten wie Hokkaido und Jack Be Little. Riesenkürbisse gedeihen in allen Anbaugebieten. Moschuskürbisse – die ihren Namen ihrem angenehmen Duft verdanken – wie etwa der Butternut oder der Muscade de Provence hingegen brauchen warmes Klima und viel Feuchtigkeit. Ihr meist orangefarbenes Fruchtfleisch schmeckt sehr aromatisch. Gartenkürbisse stellen keine großen Ansprüche. Zu ihnen zählen auch der Halloweenkürbis Jack O'Lantern, alle Sommerkürbisse wie etwa Rondini sowie alle Zierkürbisse.

Sommer- und Winterkürbisse

Für die Küche hat sich allerdings die Einteilung in Sommer- und Winterkürbisse als praktikabler erwiesen. Sommerkürbisse erntet man unreif vom Spätfrühling bis Anfang Herbst, sie werden nicht so groß wie Winterkürbisse, haben eine weiche Schale, weiche Kerne und helles, festes Fruchtfleisch. Sie lassen sich im Kühlschrank zwei bis drei Tage aufbewahren, sind aber nicht zum Einfrieren geeignet. Zu den Sommerkürbissen zählen unter anderen Zucchini, Patissons, Rondini, Flaschen- und Gemüsekürbisse.

Winterkürbisse werden erst im Spätherbst geerntet, wenn sie voll ausgereift sind und eine harte Schale haben. Das Fruchtfleisch ist weicher, aber manchmal auch faseriger als das der Sommerkürbisse. Winterkürbisse können an einem trockenen, kühlen Ort mehrere Monate gelagert werden. Zu ihnen gehören z. B. Gelber Zentner, Hokkaido, Butternut, Spagettikürbis, Türkenturban und Oranger Knirps.

TIPPS FÜR DEN EINKAUF

Sommerkürbisse sollten eine feste, dünne, unversehrte Schale haben. Winterkürbisse sollten fest, schwer, hartschalig und duftend sein. Die Schale darf keine Verletzungen und keine Druckstellen aufweisen. Einen reifen Winterkürbis erkennen Sie am hohlen Ton, wenn Sie gegen die Schale klopfen, und am verholzten Stiel.

Beliebte Kürbisarten

Damit Sie auf dem Markt gleich erkennen, mit welchem Kürbis Sie es zu tun haben, stellen wir Ihnen hier einige bei uns besonders beliebte und häufig verwendete Kürbisarten kurz vor.

HOKKAIDO

Diese besonders aromatische und köstliche Sorte gehört mit zwei bis vier Kilogramm Gewicht zu den relativ kleinen Riesenkürbissen. Die Schale ist dunkelgrün mit hellen Streifen oder orangefarben, das feste Fruchtfleisch kräftig orangefarben. Hokkaidos halten sich etwa vier Monate.

GELBER ZENTNER

Die Früchte dieser bei uns am häufigsten angepflanzten Sorte werden 25 bis 30 Kilogramm schwer. Das Fleisch ist blass-orange und eher wässrig ohne ausgeprägten Geschmack, die raue Schale gelb bis orange. Unangeschnitten halten sich diese Kürbisse drei bis vier Monate lang.

BUTTERNUT [1]

Die Butternuts gehören zu den Moschuskürbissen. Es gibt viele unterschiedliche Sorten, die aber alle birnenförmig sind und eine glatte Oberfläche haben (Ausnahme: Die italienische Butternuss ist erdnussförmig). Das reife Fruchtfleisch ist dunkelorange und enthält besonders wenige Kerne. Butternuts eignen sich für jede Art der Zubereitung und halten sich gut gekühlt bis zu zwei Jahre.

ORANGER KNIRPS

Die kleinen Früchte von 1,5 bis 2,5 Kilogramm sind leuchtend orange und haben ein sehr delikates, im Geschmack an Maronen erinnerndes, orangefarbenes Fruchtfleisch. Sie können sechs bis acht Monate aufbewahrt werden.

JACK O'LANTERN [2]

Der klassische Halloweenkürbis gehört zu den Gartenkürbissen. Er wiegt 3 bis 3,5 Kilogramm und ist fast ganz rund. Das wohlschmeckende Fleisch und die Schale sind kräftig orange.

RONDINI [3]

Diese Sommerkürbisse gehören zu den Gartenkürbissen und sehen aus wie runde Zucchini. Sie müssen jung mit weißlich-grünem Fruchtfleisch und weichen Kernen geerntet und verzehrt werden. Bei älteren Exemplaren ist das Fruchtfleisch faserig, und die Kerne werden hart und ungenießbar. Rondini isst man mit der Schale.

SPAGETTIKÜRBIS

Seinen Namen verdankt dieser Kürbis der Eigenart, dass sein Fruchtfleisch nach dem Garen in spagettiartige »Schnüre« zerfällt. Die Schale dieser länglichen Früchte ist cremefarben bis blassgelb, das Fleisch dunkelgelb bis orangefarben.

TÜRKENTURBAN

Dieser Riesenkürbis ähnelt im Aussehen tatsächlich einem grünen oder rotgrünen türkischen Turban mit weißen Sprenkeln. Die Früchte wiegen etwa fünf Kilogramm, das Fleisch ist fest und kräftig gelborange. Aufbewahren kann man sie sechs bis acht Monate.

MUSCADE DE PROVENCE (MUSKATKÜRBIS) 4

Diese Sorte gehört zu den Moschuskürbissen. Die bis zu 18 Kilogramm schweren Früchte sind oben und unten abgeflacht und von tiefen, regelmäßigen Rippen durchzogen. Die Schale hat zunächst eine dunkelgrüne Farbe und wird mit zunehmender Reife rotbraun. Das Fruchtfleisch ist dunkel orangefarben und, wie der Name schon sagt, schmeckt es leicht nach Muskatnuss. Muskatkürbisse halten sich etwa zehn Monate.

STEIRISCHER ÖLKÜRBIS 5

Dieser Gartenkürbis wird vornehmlich in der Steiermark angebaut und zwar zur Gewinnung des kostbaren, dickflüssigen, dunkelgrünen Kübiskernöls. Da es sehr intensiv schmeckt, wird es nur tropfenweise oder mit neutralem Öl verdünnt verwendet. Sein hoher Preis erklärt sich durch die geringe Ausbeute, denn für einen Liter Kürbiskernöl benötigt man etwa 25 bis 30 reife Kürbisse.

Ganze Winterkürbisse können an einem kühlen (optimal: 10 °C), trockenen, dunklen Platz vier bis sechs Monate gelagert werden. Nach dem Anschneiden hält sich der Kürbis – ebenso wie Kürbisstücke –, in Frischhaltefolie verpackt, noch etwa eine Woche im Kühlschrank. Sommerkürbisse wie Rondini und Zucchini können auch gekühlt nur wenige Tage aufbewahrt werden.

Kürbis ist gesund!

Kürbis ist nicht nur enorm vielseitig und besonders köstlich, sondern auch noch voller wichtiger Biostoffe. Wegen seines Ballaststoffreichtums wirkt er leicht abführend und entwässernd, wobei Gifte, Gallenstoffe und Fettsubstanzen gebunden und mit ausgeschieden werden. Seine Enzyme entlasten die Bauchspeicheldrüse und senken den Blutfettspiegel. Früher hat man ihn deshalb zur Therapie bei Verstopfung und bei Nieren- und Darmerkrankungen eingesetzt. Neben Vitamin C, Kalium, Magnesium und Zink enthält er besonders viele Karotinoide, die der Entstehung so genannter Freier Radikale im Körper entgegenwirken. Damit zählt er zu den leuchtend bunten Obst- und Gemüsesorten, die unter dem modischen Namen »Colour Food« zur Zeit Schlagzeilen machen, weil sie den Körper mit den wichtigen Vitaminen A, C und E versorgen und das Immunsystem ganz allgemein stärken.

Ganz konzentriert findet man die wertvollen Biostoffe in den Kürbiskernen. Sie enthalten außerdem Phytosterine, die einen erhöhten Cholesterinspiegel positiv beeinflussen sollen. Kürbiskerne gelten als Jungbrunnen: Tatsächlich verzögern die in ihnen enthaltenen Bioaktivstoffe den Alterungsprozess beim Menschen. Von Ärzten werden sie heute als wirksamstes Mittel gegen Prostataleiden eingesetzt. Ein Biochemiker hat es einmal ausgerechnet: Kürbiskerne zwischendurch geknabbert sind 14470-mal gesünder als Schokolade! 100 Gramm Kürbis enthalten, je nach Sorte und Reifegrad, lediglich zwischen 17 und 37 Kalorien, weshalb diese Riesenbeeren auch zu den »schlanken« Lebensmitteln zählen.

Kürbiskerne selber ernten

Kürbiskerne können Sie nicht nur – geschält oder ungeschält – kaufen. Immer, wenn Sie einen Kürbis in der Küche zubereiten, fällt viel »Abfall« in Form von Schale, faserigem Innenleben und Kürbiskernen an. Diese sind jedoch eigentlich zu schade zum Wegwerfen, denn sie sind, wie wir gesehen haben, außerordentlich gesund. Die Kerne werden gut gewaschen und von den anklebenden feinen Fasern befreit. Dann legt man sie auf Küchenpapier zum Trocknen aus.
Als Knabberei schmecken die Kürbiskerne besonders gut, wenn sie vorher entweder in der Pfanne ohne Fett oder im Backofen 15 Minuten geröstet werden (200 °C, Umluft 180 °C, Gas Stufe 3–4). Geben Sie je nach Geschmack Salz oder andere Gewürze, wie etwa Paprikapulver dazu. Nach dem Abkühlen lassen sich die Kerne am besten in einem Glas mit Schraubverschluss aufbewahren. Geröstete Kürbiskerne kann man mit oder ohne Schale essen.

Kürbissprossen selber machen

Angekeimt sind Kürbiskerne, wie viele andere Samen auch, noch gesünder: Dafür verwendet man ungeröstete, geschälte Kürbiskerne und weicht sie zunächst 12 Stunden in Wasser ein. Danach kommen sie in ein spezielles Keimgefäß oder in ein großes Glas, das Sie mit Gaze verschließen. Stellen Sie sie an einem dunklen Platz bei Zimmertemperatur auf, und spülen Sie sie zwei- bis dreimal täglich gründlich ab. Nach zwei, spätestens drei Tagen sollten die Keimlinge verzehrt werden, weil sie sonst bitter werden. Eine Tasse Kerne ergibt übrigens zwei Tassen Keimlinge. Die »belebten« Kerne sind reich an Protein, ungesättigten Fettsäuren und den Vitaminen A, B und E. Außerdem enthalten sie enorm viel Zink, Eisen, Phosphor, Kalium und Magnesium. Während des Keimvorgangs entwickeln sich auch viele für den menschlichen Körper wertvolle Enzyme, die wir uns öfter einmal gönnen sollten: Streuen Sie die Keimlinge über Blatt- und Obstsalate, Müslis und Gemüsegerichte.

Salate und Vorspeisen

Herbstsalat
mit Kürbiskern-Vinaigrette

+ +

100 g Rucola + 1 Kopf Eichblattsalat
1 Kopf Lollo Bionda
100 g braune Champignons (Egerlinge)
2–3 Tassen Kürbissprossen (ersatzweise Erbsensprossen)

Für die Vinaigrette
50 g geschälte Kürbiskerne + 1 Schalotte
150 ml Weißweinessig
Salz, schwarzer Pfeffer aus der Mühle
1 Prise Zucker
100 ml Sonnenblumenöl + Etwas Kürbiskernöl

+ +

Zubereitungszeit 40 Minuten

1 Rucola, Eichblattsalat und Lollo Bionda waschen, trockenschütteln und in mundgerechte Stücke zupfen. Champignons putzen und in feine Scheiben schneiden. Sprossen im Sieb abbrausen und abtropfen lassen. Alle Salatzutaten in einer großen Schale miteinander mischen.

2 Kürbiskerne grob hacken und in einer Pfanne ohne Fett rösten. Schalotte schälen und fein hacken.

3 Essig mit Salz, Pfeffer und Zucker verrühren, bis sich Salz- und Zuckerkristalle aufgelöst haben.

4 Schalottenwürfel, Öle und zuletzt die Kürbiskerne unterrühren. Den Salat mit der Vinaigrette mischen und etwas durchziehen lassen.

Dazu schmeckt Sonnenblumenbrot.

Kürbissalat
mit Honig-Vinaigrette

+ +

500 g Kürbisfleisch (geputzt gewogen)
200 g Champignons
1 Knoblauchzehe
2 El Olivenöl
Salz, weißer Pfeffer aus der Mühle
200 g Feldsalat + 1 Schalotte
150 ml Balsamico-Essig
1 El Waldhonig + 100 ml Distelöl
50 g Walnusskerne

+ +

Zubereitungszeit 55 Minuten

1 Kürbisfleisch zuerst in Würfel, dann in Scheibchen schneiden. Champignons putzen und ebenfalls in Scheiben schneiden. Knoblauch schälen und fein würfeln. Alles in dem heißen Olivenöl anbraten, mit Salz und Pfeffer würzen und 5 bis 10 Minuten dünsten, bis der Kürbis bissfest ist. Beiseite stellen.

2 Feldsalat waschen und trockenschütteln. Schalotte schälen und in feine Ringe schneiden. Essig zuerst mit Honig, Salz und Pfeffer verrühren, dann das Distelöl dazugeben. Walnüsse grob hacken.

3 Gemüse, Feldsalat und Zwiebeln auf Tellern anrichten, mit der Vinaigrette übergießen und mit den Walnüssen bestreuen.

Dazu schmeckt herzhaftes Vollkornbrot.

Apfel-Kürbis-Rohkost

+ +

400 g Kürbis
300 g Äpfel
4 Salatblätter zum Anrichten
1—2 El Hasel- oder Walnüsse
100 g Jogurt natur
2 El Zitronensaft
Salz, weißer Pfeffer aus der Mühle

+ +

Zubereitungszeit 30 Minuten

1 Kürbis schälen, Kerne und innere Fasern entfernen. Äpfel schälen und von den Kerngehäusen befreien. Beides raspeln und miteinander vermengen. Auf den gewaschenen und trockengetupften Salatblättern anrichten.

2 Die Nüsse hacken und über die Rohkost streuen.

3 Jogurt mit Zitronensaft glatt rühren, mit Salz und Pfeffer würzen und zu dem Rohkostsalat reichen.

Dazu passt Vollkorn- oder Knäckebrot.

Kürbis auf Spinat

+ +

500 g Kürbis

Salz + 200 g junger Spinat

30 g geschälte Kürbiskerne

150 g Jogurt + 1 El Zitronensaft

Schwarzer Pfeffer aus der Mühle

1 Prise Zucker + 2 El Sonnenblumenöl

1 El Kürbiskernöl

+ +

Zubereitungszeit 45 Minuten

1 Kürbis schälen und von Kernen und inneren Fasern befreien. Kürbis in kleine Würfel schneiden und in kochendem Salzwasser 8 bis 10 Minuten bissfest kochen, gut abtropfen lassen.

2 Spinat putzen, waschen und trockentupfen. Die Stiele abschneiden und den Spinat auf vier Tellern anrichten. Kürbiskerne grob hacken.

3 Jogurt mit Zitronensaft, Salz, Pfeffer, Zucker und beiden Ölsorten verrühren. Abgetropften Kürbis mit der Sauce mischen, auf dem Spinat verteilen und mit gehackten Kürbiskernen bestreuen.

Asiatischer Kürbissalat

+ +

500 g Kürbis + ½ Ananas

3 Frühlingszwiebeln

1 Stück frischer Ingwer

2 El Kürbiskerne

Saft von 1 Zitrone + 2 El Reisweinessig

Salz, schwarzer Pfeffer aus der Mühle

2 El Erdnuss- oder Sonnenblumenöl

+ +

Zubereitungszeit 60 Minuten

1 Kürbis schälen, die Kerne mit dem faserigen Fruchtfleisch entfernen. Kürbis in kleine Würfel schneiden und in kochendem Salzwasser in 8 bis 10 Minuten bissfest garen, dann gut abtropfen lassen.

2 Ananas schälen, den Strunk entfernen und das Fruchtfleisch in kleine Stücke schneiden. Frühlingszwiebeln putzen und in feine Ringe schneiden. Ingwer schälen und fein raspeln. Kürbiskerne hacken. Alles mit den Kürbiswürfeln mischen.

3 Zitronensaft, Essig, Salz und Pfeffer miteinander verrühren. Erdnussöl dazugeben und die Vinaigrette gut mit dem Salat mischen.

Tipp

Ingwer schmeckt nicht jedem. Wenn Sie den scharfen Geschmack nicht so gerne mögen, lassen Sie das Gewürz weg oder nehmen nur ein kleines Stückchen. Wer Ingwer mag, verwendet mehr davon — und tut dabei viel für seine Gesundheit: Die wertvollen Inhaltsstoffe dieser tropischen Wurzel sind zum Beispiel eine wunderbare Magenmedizin und außerordentlich wirksam gegen Übelkeit. Außerdem hemmt ein Stoff im Ingwer das Verklumpen des Blutes, was zu Thrombosen und Schlaganfällen führen kann.

Nudelsalat mit Kürbis

+ +

500 g Nudeln (z. B. Farfalle)

Salz

Je 1 Bund Petersilie und Basilikum

2 Knoblauchzehen

1/8 l Rotweinessig + 1 Prise Zucker

Schwarzer Pfeffer aus der Mühle, Cayennepfeffer

1/8 l Olivenöl

200 g Kürbisfleisch (geputzt gewogen)

150 g Salatgurke

150 g Champignons

100 g Salami (in Scheiben)

+ +

Zubereitungszeit 55 Minuten

1 Nudeln nach Packungsaufschrift in Salzwasser bissfest kochen. In der Zwischenzeit Kräuter abbrausen, trockenschütteln und die Blättchen klein schneiden. Knoblauch schälen und fein würfeln.

2 Für die Marinade Essig mit Salz und Zucker verquirlen, bis sich alle Kristalle aufgelöst haben. Mit Pfeffer und Cayennepfeffer würzen und das Olivenöl langsam unterschlagen.

3 Nudeln abgießen, mit der Marinade mischen, gehackte Kräuter und die Knoblauchwürfel hinzufügen.

4 Kürbisfleisch auf der Gemüsereibe fein raspeln. Die Salatgurke schälen, die Kerne herausschaben und würfeln. Champignons waschen, putzen und in Scheiben schneiden. Salami in dünne Streifen schneiden.

5 Gemüse und Salami zu den Nudeln geben und sorgfältig unterheben. Vor dem Servieren einige Stunden durchziehen lassen.

Reissalat mit Kürbis

+ +

200 g Langkornreis

Salz + 400 g Kürbis

200 g Ananasstücke (frisch oder aus der Dose)

200 g gekochter Schinken

50 g Rosinen + 150 g Jogurt

1 El Majonäse + Saft von 1 Zitrone

3 El Sonnenblumenöl

1 Tl Currypulver

+ +

Zubereitungszeit 60 Minuten

1 Reis nach Packungsaufschrift in Salzwasser bissfest kochen. Kürbis schälen, von Kernen und inneren Fasern befreien und das Fruchtfleisch in Würfel schneiden. Den Kürbis in Salzwasser etwa 8 Minuten bissfest kochen, dann gut abtropfen lassen.

2 Reis mit kaltem Wasser abschrecken, abtropfen lassen und in eine Schüssel füllen. Frische Ananas schälen, den Strunk und die Augen entfernen, Fruchtfleisch klein schneiden. Ananasstücke aus der Dose in einem Sieb abtropfen lassen. Schinken in feine Streifen schneiden. Ananas, Schinken, Kürbis und Rosinen mit dem Reis mischen.

3 Jogurt mit Majonäse, Zitronensaft, Öl, Salz und Currypulver verrühren und sorgfältig unter den Reissalat ziehen.

Kürbis-Kartoffel-Salat

+++++++++++++++++++++++++++++++++

500 g fest kochende Kartoffeln
700 g Kürbis + Salz + 1 kleine Salatgurke
1 Knoblauchzehe + 1 kleines Stück frischer Ingwer
100 ml Gemüsebrühe + 100 ml Weißweinessig
Schwarzer Pfeffer aus der Mühle
1 Prise Zucker + 100 ml Olivenöl
1/2 Bund Oregano + 50 g Erbsensprossen

+++++++++++++++++++++++++++++++++

Zubereitungszeit 60 Minuten

1 Kartoffeln waschen und mit der Schale in Salzwasser gar kochen. Kürbis schälen und von Kernen und inneren Fasern befreien. Das Fruchtfleisch erst in Würfel, dann in Scheiben schneiden und in kochendem Salzwasser 3 bis 4 Minuten bissfest garen. Gut abtropfen lassen.

2 Gurke schälen, längs vierteln, die Kerne herausschaben und die Gurkenviertel in dünne Scheiben schneiden. Knoblauch schälen und fein würfeln, Ingwer schälen und reiben. Gemüsebrühe erwärmen.

3 Kartoffeln abgießen, pellen und in dünne Scheiben schneiden. Kürbis- und Gurkenscheiben hinzufügen, alles mit der warmen Gemüsebrühe übergießen und vorsichtig durchmischen.

4 Essig mit Salz, Pfeffer und Zucker verrühren, bis sich Salz und Zucker aufgelöst haben. Knoblauch und Ingwer dazugeben und langsam das Olivenöl einrühren.

5 Die Sauce über den Salat gießen und vorsichtig untermischen. Oregano waschen, trockenschwenken, die Blättchen in Streifen schneiden. Erbsensprossen abbrausen, abtropfen lassen und mit dem Oregano über den Salat streuen.

Kürbis-Antipasti

+++++++++++++++++++++++++++++++++++++

1 kg Kürbis
Salz, schwarzer Pfeffer aus der Mühle
2 Knoblauchzehen
200 ml Olivenöl
Je 1 Zweig Rosmarin, Thymian und Majoran
(oder 2 Tl italienische Kräutermischung)
2 El Balsamico-Essig

+++++++++++++++++++++++++++++++++++++

Zubereitungszeit 55 Minuten

1 Kürbis schälen, Kerne mit dem faserigen Fruchtfleisch entfernen. Das Fleisch in dünne, längliche Scheiben schneiden, salzen, pfeffern und auf ein mit Backpapier ausgelegtes Backblech legen.

2 Den Backofen auf 220°C (Umluft 200°C, Gas Stufe 4–5) vorheizen. Knoblauchzehen schälen und in das Olivenöl pressen. Kräuter waschen, trockenschwenken, fein hacken und in das Öl rühren.

3 Die Kürbisspalten mit dem Öl bestreichen und im heißen Backofen auf der mittleren Schiene etwa 25 Minuten grillen, bis sie knusprig braun sind.

4 Die gegrillten Kürbisspalten sofort auf einer vorgewärmten Platte anrichten und mit dem Balsamico-Essig beträufeln.

Dazu schmeckt italienisches Weißbrot, Ciabatta.

Kürbis-Frittata

+ +

400 g Kürbis
1 kleine Zwiebel + **3 El Olivenöl**
80 g Parmesan + **4 Eier** + **2 El Milch**
Salz, schwarzer Pfeffer aus der Mühle
Je 1/2 Bund Schnittlauch und Petersilie

+ +

Zubereitungszeit 40 Minuten

1 Kürbis schälen, Kerne und innere Fasern entfernen, das Fruchtfleisch raspeln. Zwiebel schälen, halbieren und in dünne Streifen schneiden. Zwiebel und Kürbis in 1 Esslöffel Öl kurz anbraten, herausnehmen und abtropfen lassen.

2 Parmesan reiben. Eier mit Milch, Salz, Pfeffer und Parmesan vermengen. Kräuter waschen, trockenschütteln und fein hacken. Zusammen mit Zwiebeln und Kürbis in die Eiermilch geben und verrühren.

3 In einer großen beschichteten Pfanne 1 Esslöffel Öl erhitzen, die Masse hineingeben und braten. Wenn die Unterseite fest ist und am Rand leicht gebräunt, auf einen großen Deckel oder einen Teller stürzen. Den restlichen Esslöffel Öl in der Pfanne erhitzen, die Frittata hineingleiten lassen und die zweite Seite ebenfalls braten.

Variante

Die Frittata, ein in Italien überaus beliebtes, schnelles Zwischengericht, ist in Spanien als Tortilla ebenso verbreitet. Bereiten Sie sie auch einmal mit 400 Gramm Zwiebeln statt Kürbis zu, oder mit 300 Gramm gewürfelten Tomaten und einigen gehackten Anchovisfilets wie in Süditalien. Die Spanier lieben ihre Tortilla mit Kartoffeln, Artischocken oder Gemüsepaprika zubereitet.

Kürbis-Pommes

+ +

50 g Parmesan + 100 g Semmelbrösel
Salz, schwarzer Pfeffer aus der Mühle
Paprikapulver, scharf + 1 kg Kürbis + 3/4 l Öl zum Frittieren

+ +

Zubereitungszeit 25 Minuten

Käse reiben, mit Bröseln und Gewürzen mischen. Kürbis schälen, von Kernen und inneren Fasern befreien. Das Fruchtfleisch in Pommes-Frites-große Stäbchen schneiden und in den Bröseln wälzen. Öl in einem Topf erhitzen und die Kürbis-Pommes darin portionsweise 4 bis 5 Minuten frittieren. Dann zum Entfetten auf Küchenpapier legen. Vor dem Servieren salzen.

Kürbisbällchen

+ +

800 g Kürbis + 2 El Butter
200 g Ricotta + 50 g Parmesan + 3 Eier
Salz, schwarzer Pfeffer aus der Mühle
1 Prise geriebene Muskatnuss
1 Prise Zucker + Mehl zum Wenden + 2 El Öl

+ +

Zubereitungszeit 30 Minuten

Kürbis schälen, von Kernen und inneren Fasern befreien und würfeln. In der heißen Butter etwa 10 Minuten braten, pürieren und mit Ricotta, den geriebenen Parmesan, Eiern und den Gewürzen vermengen. Aus der Masse kleine Bällchen formen, in Mehl wenden und in dem heißen Öl goldgelb braten.

Gefüllte Kürbisblüten

+ + + + + + + + + + + ° + + + + + + + + + + + +
2 kleine Tomaten
1 kleine Zucchini
100 g Champignons
150 g Ricotta
Salz, schwarzer Pfeffer aus der Mühle
1/2 Knoblauchzehe
1 El gehackte Petersilie
1 El geriebener Parmesan
8 Kürbisblüten + Öl für die Form
+ +

Zubereitungszeit 60 Minuten

1 Tomaten mit kochendem Wasser überbrühen, häuten und in winzige Würfelchen schneiden. Zucchini waschen, putzen und sehr klein würfeln. Champignons putzen und ebenfalls sehr klein schneiden.

2 Gemüsewürfel mit Ricotta verrühren, salzen und pfeffern. Knoblauchzehe schälen und dazupressen. Petersilie und Parmesan unterrühren.

3 Den Backofen auf 200 °C (Umluft 180 °C, Gas Stufe 3–4) vorheizen. Die Stempel aus den Kürbisblüten herausschneiden, die Blüten vorsichtig waschen und mit der Ricottamasse füllen. Die Blüten oben leicht zusammendrehen und nebeneinander in eine gefettete Auflaufform legen. Im heißen Backofen auf der mittleren Schiene etwa 30 Minuten backen.

Dazu passt italienisches Weißbrot.

SUPPEN UND EINTÖPFE

Kürbissuppe
mit Käsecroûtons

+ +

Für die Suppe

Salz + 500 g Kürbisfleisch (geputzt gewogen)
1 Tl Butter + 1 Tl Mehl
1/2 l Gemüsebrühe + 1 Prise Zucker
Weißer Pfeffer aus der Mühle
1 Tl Zitronensaft + 100 g süße Sahne

Für die Croûtons

2 Scheiben Toastbrot + 1 El Butter
Einige Stängel glatte Petersilie + 20 g Parmesan

+ +

Zubereitungszeit 40 Minuten

1 1/4 Liter Wasser zum Kochen bringen und salzen. Kürbisfleisch in Stücke schneiden und 15 Minuten bei kleiner Hitze im Salzwasser kochen. Durch ein Sieb streichen oder mit dem Mixstab pürieren.

2 Butter in einem Topf aufschäumen lassen, das Mehl unterrühren und goldgelb anschwitzen. Heiße Gemüsebrühe angießen und das Kürbismus hineingeben. Mit Zucker, Salz, Pfeffer und Zitronensaft abschmecken.

3 Für die Croûtons Toastbrot würfeln und im heißen Fett rösten. Petersilie waschen, trockenschütteln und fein hacken. Den Parmesan reiben und mit der Petersilie mischen. Die heißen Croûtons im Kräuter-Parmesan wälzen.

4 Sahne unter die Suppe rühren und diese noch einmal erhitzen, aber nicht mehr kochen lassen. Auf Teller verteilen und mit den Croûtons bestreuen.

Kürbissuppe
mit Parmaschinken

+ +
1 Zwiebel + 1 Knoblauchzehe
500 g Kürbisfleisch (geputzt gewogen)
2 El Butter
1/2 l Hühnerbrühe
Salz, schwarzer Pfeffer aus der Mühle, Zucker
1 Prise geriebene Muskatnuss
60 g Parmaschinken
100 g süße Sahne
2 Salbeiblätter
+ +

Zubereitungszeit 30 Minuten

1 Zwiebel und Knoblauch schälen, fein würfeln und zusammen mit dem in Würfel geschnittenen Kürbis im heißen Fett andünsten.

2 Brühe angießen und 15 Minuten bei kleiner Hitze kochen lassen. Die Suppe pürieren und mit den Gewürzen abschmecken.

3 Den in feine Streifen geschnittenen Schinken dazugeben und die Sahne angießen. Noch einmal erhitzen, aber nicht mehr zum Kochen bringen. Salbeiblätter klein schneiden und vor dem Servieren auf die Suppe streuen.

Variante

Kürbissuppe mit Krabben
Sehr fein schmeckt diese Suppe auch mit 150 Gramm Nordseekrabbenfleisch statt mit Schinken. Dann verwenden Sie anstelle von Muskatnuss etwas geriebenen Ingwer und statt Salbei einige Blättchen Thymian.

Ungarische Kürbissuppe

+++++++++++++++++++++++++++++++

1 kleine Zwiebel
1 El Butter
500 g Kürbisfleisch (geputzt gewogen)
½ Tl Paprikapulver, edelsüß
½ Bund Dill
Salz, weißer Pfeffer aus der Mühle
250 g saure Sahne

+++++++++++++++++++++++++++++++

Zubereitungszeit 35 Minuten

1 Zwiebel schälen und sehr fein würfeln. In der heißen Butter glasig dünsten. Kürbisfleisch ebenfalls würfeln.

2 Zwiebeln mit Paprikapulver bestäuben. Kürbiswürfel darüber geben und mit etwa ½ Liter Wasser auffüllen, sodass die Kürbiswürfel gut bedeckt sind. Den Kürbis ungefähr 15 Minuten kochen lassen, bis er weich ist. In der Zwischenzeit den Dill waschen, trockenschütteln und fein hacken.

3 Suppe pürieren, mit Salz, Pfeffer und Dill abschmecken. Vor dem Servieren auf jeden Teller 1 Esslöffel saure Sahne geben und die Kürbissuppe darüber gießen.

Kürbiscreme-Suppe I

+ +

**4 kleine runde Kürbisse mit flachem, geradem Boden,
z. B. Golden Nugget oder Sweet Dumpling (à 250 g)
Salz + 1—2 Schalotten + 1 Knoblauchzehe
3 El Butter + 2 El geschälte Kürbiskerne
1/2 l Gemüsebrühe
Schwarzer Pfeffer aus der Mühle
Gemahlener Kümmel + Geriebene Muskatnuss
200 g süße Sahne + Etwas Kürbiskernöl**

+ +

Zubereitungszeit 60 Minuten

1 Jeweils das obere Viertel der Kürbisse mit dem Stielansatz abschneiden, zuerst die Kerne, dann das Fruchtfleisch mit einem Löffel herausschaben. Dabei darauf achten, dass die Kürbisschale nicht durchstoßen wird, sie dient später als Serviergefäß für die Suppe. Die 4 Kürbisse sollten etwa 500 Gramm Fruchtfleisch ergeben. Die Kerne wegwerfen, das Fruchtfleisch grob schneiden, leicht salzen und beiseite stellen.

2 Schalotten und Knoblauchzehe schälen, fein würfeln und in der Butter anschwitzen. Das Kürbisfleisch dazugeben und etwa 10 Minuten dünsten. In der Zwischenzeit die Kürbiskerne ohne Fett in einer Pfanne anrösten und beiseite stellen.

3 Die Brühe zum gedünsteten Kürbis gießen, etwa 10 Minuten kochen lassen und die Suppe mit dem Mixstab pürieren. Mit Salz, Pfeffer, Kümmel und etwas Muskatnuss abschmecken. Die Sahne unterrühren.

4 Die Suppe in die ausgehöhlten Kürbisse füllen, mit je einem Spritzer Kürbiskernöl verfeinern und mit den gerösteten Kürbiskernen bestreuen.

Kürbiscreme-Suppe II

+ +

600 g Kürbis
2 kleine Zwiebeln
1 El Butter + 1 El Zitronensaft
Salz, weißer Pfeffer aus der Mühle
1 Tl Paprikapulver, edelsüß
¾ l Gemüsebrühe
100 ml Weißwein + 100 g süße Sahne

+ +

Zubereitungszeit 60 Minuten

1 Kürbis schälen, von Kernen und inneren Fasern befreien und das Fruchtfleisch in Würfel schneiden. Zwiebel schälen und fein würfeln. Mit dem Kürbis in der heißen Butter einige Minuten anschwitzen. Zitronensaft, Salz, Pfeffer und ½ Teelöffel Paprikapulver dazugeben, die Brühe angießen und die Suppe etwa 30 Minuten schwach kochen lassen.

2 Anschließend mit dem Mixstab pürieren oder durch ein feines Sieb streichen, den Wein angießen und noch einmal aufkochen lassen.

3 Sahne halb steif schlagen. Die Suppe auf Teller verteilen, in die Mitte jeweils einen großen Sahneklecks geben und die Sahne mit einer Gabel leicht unterziehen, sodass sich dekorative Schlieren in der Suppe bilden. Mit dem restlichen Paprikapulver bestreuen und sofort servieren.

Tipp

Wenn Sie einen sehr trockenen Weißwein mit viel Säure verwenden, lassen Sie den Zitronensaft eventuell weg, damit die Suppe nicht zu sauer wird.

Kürbisblüten-Suppe

+ +

400 g Kürbisblüten
2 Schalotten + 30 g Butter
Salz, weißer Pfeffer aus der Mühle
1 Messerspitze gemahlener Zimt
¹/₄ l Gemüsebrühe + ¹/₄ l Milch
1 El Speisestärke + 2 Eigelb
200 g süße Sahne + 150 g Schmand
1 El Zucker + 2 El Sonnenblumenkerne

+ +

Zubereitungszeit 35 Minuten

1 Aus den Kürbisblüten die Stempel herausschneiden, die Blüten vorsichtig waschen, trockentupfen und klein schneiden. Schalotten schälen, fein würfeln und in der heißen Butter anschwitzen. Wenn die Schalotten glasig sind, die Blüten dazugeben und einige Minuten schwenken. Mit Salz, Pfeffer und Zimt würzen.

2 Die angedünsteten Blüten mit Brühe ablöschen, die Milch angießen und alles heiß werden lassen. Stärke mit etwas kaltem Wasser anrühren, einrühren und die Suppe einmal aufkochen lassen.

3 Den Topf vom Herd nehmen, Eigelb, Sahne und Schmand unterrühren und mit Zucker und eventuell noch etwas Salz und Pfeffer abschmecken. Noch einmal erhitzen, aber nicht mehr kochen lassen, sonst gerinnt das Eigelb!

4 Die Suppe gleichmäßig auf Teller verteilen und mit Sonnenblumenkernen bestreut servieren.

Kürbis-Currysuppe

+ +

500 g Kürbis
250 g Kartoffeln
1/2 Bund Suppengrün
2 Schalotten + 60 g Butter
300 ml Gemüsebrühe
1/4 l Milch
1 Stück frischer Ingwer
Saft von 1 Zitrone
Salz, weißer Pfeffer aus der Mühle
1 Tl Currypulver
Einige Stängel Petersilie

+ +

Zubereitungszeit 45 Minuten

1 Kürbis schälen und entkernen, innere Fasern entfernen. Die Kartoffeln schälen. Kürbisfleisch und Kartoffeln würfeln. Suppengemüse putzen, waschen und klein schneiden. Schalotten schälen und fein würfeln.

2 Das klein geschnittene Gemüse in der zerlassenen Butter anschwitzen, Gemüsebrühe und Milch angießen und etwa 15 Minuten kochen, bis das Gemüse weich ist.

3 Ingwer schälen und fein reiben. Die Suppe mit dem Mixstab pürieren und mit Zitronensaft, Salz, Pfeffer, Curry und Ingwer abschmecken. Petersilie waschen, Blättchen abzupfen und die Suppe damit bestreuen.

Kürbis-Kochbananen-Suppe

+ +

1 kg Kürbis + Zucker

1—2 Zwiebeln + 2 El Pinienkerne

1 große gelbe Kochbanane

1 Tl gemahlener Koriander

Cayennepfeffer

50 g Butter + ½ l Hühnerbrühe

¼ l Mango- oder Pfirsichsaft

Salz, weißer Pfeffer aus der Mühle

1 Messerspitze gemahlener Ingwer

½ l Pflanzenöl zum Frittieren + 125 g süße Sahne

+ +

Zubereitungszeit 75 Minuten

1 Kürbis schälen, entkernen und die inneren Fasern entfernen. Das Fruchtfleisch grob würfeln, etwas zuckern und beiseite stellen. Zwiebeln schälen und fein würfeln. Pinienkerne im Mörser oder im Mixer zu einer Paste zerreiben. Banane schälen und in Scheiben schneiden.

2 Pinienkernpaste, Zwiebeln, Koriander und Cayennepfeffer in der Butter dünsten, bis die Zwiebeln weich sind. Kürbis und die Hälfte der Bananenscheiben dazugeben, einige Minuten mitdünsten, dann die Brühe angießen und zum Kochen bringen. Fruchtsaft dazugießen, salzen, pfeffern und etwa 30 Minuten kochen lassen, bis das Gemüse weich ist.

3 Einen Esslöffel Wasser mit dem Ingwer sowie je einer Prise Salz und Cayennepfeffer mischen und die übrigen Bananenscheiben darin wenden. Im heißen Öl frittieren und auf Küchenpapier legen.

4 Die Suppe mit dem Mixstab pürieren. Die Sahne dazugeben und die Suppe nochmals erhitzen, aber nicht mehr kochen lassen. Vor dem Servieren die frittierten Bananenscheiben hineingeben.

Kürbis-Fisch-Eintopf

+ +

400 g festes Fischfilet (z. B. Kabeljau, Rotbarsch)
Saft von ½ Zitrone + 1 Zwiebel
2 Knoblauchzehen + 400 g Kürbis
½ grüne Paprikaschote
200 g Zucchini
300 g Tomaten + 2 El Olivenöl
1 El Tomatenmark + 1 Prise Zucker
¾ l Gemüsebrühe
Salz, schwarzer Pfeffer aus der Mühle
Rosmarin, Majoran und Thymian (frisch oder getrocknet)
½ Bund Basilikum

+ +

Zubereitungszeit 65 Minuten

1 Fischfilet waschen, in Stücke schneiden und mit Zitronensaft beträufeln. Zwiebel und Knoblauch schälen und fein würfeln. Kürbis schälen, von Kernen und inneren Fasern befreien und in Würfel schneiden. Paprika waschen, putzen und in Streifen schneiden. Zucchini waschen, längs halbieren und in Scheiben schneiden. Tomaten brühen, häuten, von den Stielansätzen befreien und vierteln.

2 Kürbis und Paprika in dem heißen Öl einige Minuten andünsten. Zwiebeln, Knoblauch und Zucchini dazugeben und kurz mitdünsten. Tomaten, Tomatenmark und Zucker unterrühren und die heiße Brühe angießen. Das Gemüse salzen, pfeffern und 10 Minuten kochen lassen. Kräuter waschen, hacken und hinzufügen. Fisch dazugeben und in weiteren 5 bis 10 Minuten bei milder Hitze gar ziehen lassen. Mit Salz und Pfeffer abschmecken.

Dazu passt geröstetes Weißbrot.

Kürbis-Gemüse-Topf

+ +

400 g Kürbis + 150 g Möhren
150 g Kartoffeln + 1 kleine Stange Lauch
150 g Tomaten + 1 Zwiebel + 1 Knoblauchzehe
2 El Butter + 1/2 l Gemüsebrühe
Salz, schwarzer Pfeffer aus der Mühle
1 El gemischte Kräuter (TK)

+ +

Zubereitungszeit 55 Minuten

1 Kürbis schälen, Kerne und innere Fasern entfernen, Fruchtfleisch würfeln. Möhren putzen und in Scheiben schneiden. Kartoffeln schälen und würfeln, Lauch putzen, waschen und in Ringe schneiden. Tomaten waschen, vierteln und von den Stielansätzen befreien.

2 Zwiebel und Knoblauchzehe schälen, fein würfeln und mit Kürbis und Gemüse in der heißen Butter einige Minuten schmoren lassen. Die Brühe dazugießen und etwa 15 Minuten bei kleiner Hitze kochen lassen.

3 Etwa ein Drittel der Suppe abschöpfen, im Mixer pürieren und wieder zurück in den Topf geben. Die Suppe erhitzen, mit Salz und Pfeffer würzen und die gemischten Kräuter unterrühren.

Tipp

Den Kürbis-Gemüse-Eintopf können Sie je nach Jahreszeit und je nach Vorräten variieren: Verwenden Sie auch einmal Frühlingszwiebeln statt Lauch oder Pastinaken und Petersilienwurzeln statt Möhren. Auch mit roter und grüner Paprikaschote schmeckt der Eintopf sehr gut, und die Farbtupfer lassen ihn zudem dekorativ aussehen. Nur Kartoffeln sollten immer dabei sein — sie sorgen dafür, dass die Sauce schön sämig wird.

Vegetarische Hauptspeisen

Gebackener Kürbis

+ +

1 Hokkaido- oder Patissonkürbis (etwa 1,7 kg)
Olivenöl zum Einpinseln + 300 g Zucchini
300 g Tomaten + 2 El Olivenöl + 1 Tl Kreuzkümmel
1 Tl gemahlener Koriander + 50 g Oliven ohne Stein
Salz, schwarzer Pfeffer aus der Mühle
1/2 Bund Basilikum + 2 Zweige Thymian
200 g milder Schafs- oder Ziegenkäse + 150 g Schmand

+ +

Zubereitungszeit 90 Minuten

1 Backofen auf 200 °C (Umluft 180 °C, Gas Stufe 3–4) vorheizen. Kürbis waschen, abtrocknen und einen Deckel abschneiden. Die Schnittstellen mit Olivenöl einpinseln, Deckel aufsetzen und den Kürbis im Backofen 45 bis 60 Minuten backen.

2 Zucchini waschen, putzen, längs vierteln und in Scheiben schneiden. Tomaten brühen, häuten, vierteln, Stielansätze und Kerne entfernen und das Fruchtfleisch würfeln. Olivenöl erhitzen, Kreuzkümmel und Koriander darin kurz anrösten, Zucchini dazugeben und 3 bis 4 Minuten anbraten. Tomatenwürfel hinzufügen und weitere 8 Minuten schmoren.

3 Die geviertelten Oliven dazugeben, mit Salz und Pfeffer würzen. Die Kräuter waschen, trocknen und die Blättchen von den Stielen zupfen. Mit dem gewürfelten Käse unter das Gemüse mischen.

4 Kürbis aus dem Backofen nehmen, mit einem Löffel die Kerne entfernen. Dann das Fruchtfleisch bis auf einen 2 Zentimeter dicken Rand ausschaben und zur Gemüsemischung geben. Schmand unterheben und die Masse wieder in den Kürbis füllen. Den Deckel aufsetzen und den Kürbis nochmals für 10 Minuten in den Ofen stellen, bis die Füllung heiß ist. Sofort servieren.

Kürbis-Lauch-Gratin

+ +

2 Zwiebeln + 1 Knoblauchzehe + 500 g Lauch
250 g Möhren + 1 kg Kürbis + 2 El Öl
Salz, schwarzer Pfeffer aus der Mühle
Ingwerpulver + 3 El Instant-Gemüsebrühe
100 g geschälte Kürbiskerne + 100 g Bergkäse oder Parmesan
4 Eier + 200 g süße Sahne
Frisch geriebene Muskatnuss
Fett für die Form

+ +

Zubereitungszeit 55 Minuten

1 Zwiebeln und Knoblauch schälen und fein hacken. Lauch und Möhren putzen und in Ringe bzw. Scheibchen schneiden. Kürbis schälen, Kerne und Fasern entfernen und das Fruchtfleisch würfeln.

2 Backofen auf 200 °C (Umluft 180 °C, Gas Stufe 3–4) vorheizen. Zwiebeln und Knoblauch in dem heißen Öl kurz andünsten, Möhren dazugeben und 5 Minuten schmoren lassen. Dann Lauch und Kürbis zufügen, weitere 5 Minuten dünsten lassen und mit Salz, Pfeffer, Ingwer und Gemüsebrühe würzen.

3 Kürbiskerne ohne Fett anrösten, die Hälfte davon unter das Gemüse mischen. Den Käse reiben. Eier, Sahne und Käse verquirlen, mit Salz, Pfeffer und Muskatnuss würzen.

4 Gemüse in die gefettete Auflaufform geben, die Eier-Käse-Sahne darüber verteilen. Mit den restlichen Kürbiskernen bestreuen und in etwa 20 Minuten im heißen Backofen goldbraun backen.

Feuriges Kürbisgemüse

+ +

1,2 kg Kürbis + 1 Zwiebel
Salz, schwarzer Pfeffer aus der Mühle
1 Prise Zucker + 100 ml Weinessig
2 grüne Paprikaschoten
250 g Möhren
250 g Kartoffeln + 50 g Butter
1 El Paprikapulver, rosenscharf
Etwas Chilipulver
1/8 l trockener Weißwein
200 g süße Sahne + 1 El gehackter Dill

+ +

Zubereitungszeit 50 Minuten

1 Kürbis schälen, von Kernen und inneren Fasern befreien und das Fruchtfleisch erst in grobe Würfel, dann in Scheiben schneiden. Zwiebel schälen und fein würfeln, mit Salz, Pfeffer, Zucker und Essig zu einer Marinade verrühren und über die Kürbisscheiben gießen.

2 Während der Kürbis durchzieht, die Paprikaschoten waschen, putzen und in feine Streifen schneiden. Möhren putzen, waschen und stifteln. Kartoffeln schälen, waschen, eventuell längs halbieren und in Scheiben schneiden.

3 Kürbis in ein Sieb abgießen. Die Kürbisscheibchen und das übrige Gemüse in der Butter andünsten, dann Paprika- und Chilipulver dazugeben. Den Weißwein angießen und alles etwa 20 Minuten schwach kochen lassen.

4 Den Topf vom Herd nehmen und die Sahne unterrühren. Das Gemüse nochmals erwärmen, aber nicht mehr kochen lassen. Mit Salz, Pfeffer und Paprika abschmecken und vor dem Servieren mit dem gehackten Dill bestreuen.

Kürbis-Gemüse-Pfanne

+ +

600 g Kürbis
400 g kleine Kartoffeln
250 g Möhren + 250 g Zucchini
2 Zwiebeln + 2 Knoblauchzehen
2 El Olivenöl
50 ml Gemüsebrühe
Salz, schwarzer Pfeffer aus der Mühle
1/2 Bund Schnittlauch
3 Eier + 1 El Milch

+ +

Zubereitungszeit 45 Minuten

1 Kürbis schälen, Kerne und innere Fasern entfernen, das Fruchtfleisch zunächst in Würfel, dann in Scheiben schneiden. Kartoffeln schälen, Möhren und Zucchini putzen, waschen und alles in Scheiben schneiden. Zwiebeln und Knoblauch schälen und fein würfeln.

2 Kürbis, Kartoffeln und Möhren in einer großen Pfanne in dem Öl etwa 5 Minuten anbraten, Zwiebeln und Knoblauch dazugeben und weitere 3 Minuten braten. Brühe angießen, salzen, pfeffern und das Gemüse 5 Minuten dünsten. Zucchini dazugeben und so lange weiter schmoren lassen, bis alle Gemüse gar sind. Schnittlauch in Röllchen schneiden.

3 Eier mit Milch, Salz, Pfeffer und Schnittlauchröllchen verquirlen. Die Masse über das Gemüse gießen und unter Rühren stocken lassen.

Dazu schmeckt ein kräftiges Vollkornbrot.

Kürbis-Tofu-Lasagne

+ +

400 g Kürbisfleisch (geputzt gewogen)
¹/₈ l Olivenöl ⁑ Salz ⁑ 300 g Tofu
Weißer Pfeffer aus der Mühle ⁑ Paprikapulver, edelsüß
60 g Butter ⁑ 50 g Mehl ⁑ ¹/₄ l Gemüsebrühe
200 g süße Sahne ⁑ Frisch geriebene Muskatnuss
400 g Tomaten ⁑ ¹/₂ Bund Frühlingszwiebeln
Fett für die Form ⁑ 300 g Lasagneblätter ohne Vorkochen
100 g Bergkäse oder Parmesan
2 El Sonnenblumenkerne

+ +

Zubereitungszeit 80 Minuten

1 Kürbis zuerst in Würfel, dann in Scheibchen schneiden und in der Hälfte des Olivenöls glasig braten. Zum Entfetten auf Küchenpapier legen, dann leicht salzen. Tofu ebenfalls in Scheiben schneiden, trockentupfen und in dem restlichen Öl anbraten. Auf Küchenpapier entfetten und mit Salz, Pfeffer und Paprikapulver bestreuen.

2 Butter in einem Topf aufschäumen lassen, Mehl einrühren und etwas anschwitzen lassen. Dann unter ständigem Rühren nach und nach mit Brühe und Sahne aufgießen, mit Salz, Pfeffer und Muskatnuss würzen und 10 Minuten bei kleiner Hitze kochen lassen.

3 Backofen auf 180 °C (Umluft 160 °C, Gas Stufe 3) vorheizen. Tomaten waschen und in Scheiben schneiden, die Stielansätze entfernen. Frühlingszwiebeln putzen und in Ringe schneiden.

4 Eine Auflaufform fetten, schichtweise Lasagneblätter, Kürbisscheiben, Tofu, Tomaten und Frühlingszwiebeln einfüllen. Die Sahnesauce darüber gießen, und den Auflauf mit geriebenem Käse und Sonnenblumenkernen bestreuen. Im heißen Backofen auf der mittleren Schiene 30 Minuten überbacken.

Polentaschnitten mit Kürbisgemüse

+ +

⅛ l Olivenöl + Salz + 160 g feiner Maisgrieß
Olivenöl für die Form + weißer Pfeffer aus der Mühle
1 Eigelb + 300 g Tomaten + 400 g Kürbis
2 Schalotten + 1 El Balsamico-Essig
100 ml Gemüsebrühe + Einige Zweige Basilikum

+ +

Zubereitungszeit 65 Minuten • Ruhezeit 2 Stunden

1 ½ Liter Wasser mit 3 Esslöffel Olivenöl und Salz zum Kochen bringen. Maisgrieß unter Rühren einstreuen und auf der ausgeschalteten Herdplatte 15 Minuten ausquellen lassen.

2 Eine flache Auflaufform mit Olivenöl einpinseln. Polenta pfeffern und mit dem Eigelb verrühren. Die Masse etwa 2 Zentimeter hoch in die Form streichen und 2 Stunden kühl stellen.

3 Tomaten mit heißem Wasser überbrühen, häuten, vierteln, Stielansätze und Kerne entfernen und das Fruchtfleisch würfeln. Kürbis schälen, von Kernen und inneren Fasern befreien und in kleine Würfel schneiden. Schalotten schälen und fein würfeln.

4 Schalotten und Kürbiswürfel in 2 Esslöffel Olivenöl dünsten, bis die Schalotten glasig sind. Mit Essig ablöschen, Brühe angießen, die Tomaten dazugeben und das Ganze etwa 8 Minuten schmoren.

5 In der Zwischenzeit die Polenta stürzen, in Rauten schneiden und diese im restlichen Öl goldgelb braten. Das Gemüse mit Salz und Pfeffer würzen. Basilikum abbrausen, trockenschwenken, die Blättchen in Streifen schneiden und unter das Kürbisgemüse mischen. Mit den Polentarauten anrichten.

Nudeln mit Salsa Verde

+ +

500 g Nudeln
Salz
Je 2 Bund Petersilie und Basilikum
2 Knoblauchzehen
80 g geschälte Kürbiskerne
100 g grüne Oliven ohne Stein
250 ml Gemüsebrühe
4 El Olivenöl
Schwarzer Pfeffer aus der Mühle

+ +

Zubereitungszeit 15 Minuten

1 Nudeln nach Packungsaufschrift in Salzwasser bissfest garen. In der Zwischenzeit Petersilie und Basilikum abbrausen, trockenschütteln und die Blättchen von den Stielen zupfen. Knoblauchzehen schälen und vierteln.

2 Kräuter und Knoblauch zusammen mit den Kürbiskernen und den Oliven im Mixer pürieren. Nach und nach die Gemüsebrühe und das Olivenöl dazugeben. Mit Salz und Pfeffer abschmecken. Die Sauce mit den heißen Nudeln vermischen und das Gericht sofort servieren.

Crêpes mit Kürbisfüllung

+ +

Für den Teig
200 ml Milch + 2 Eier + 3 El Sonnenblumenöl
Salz, schwarzer Pfeffer aus der Mühle + 100—120 g Mehl
Öl zum Ausbacken

Für das Gemüse
Je 1 rote und grüne Paprikaschote
350 g Tomaten + 400 g Kürbis + 1 Schalotte
1 Knoblauchzehe + 3 El Olivenöl + Saft von 1 Zitrone
100 ml Tomatensaft + Salz
Schwarzer Pfeffer aus der Mühle + 1 Stück frischer Ingwer
1 Zweig frischer Thymian + 2 Zweige frischer Majoran
50 g schwarze Oliven ohne Stein

+ +

Zubereitungszeit 50 Minuten

1 Paprikaschoten waschen, putzen und in Streifen schneiden. Tomaten brühen, häuten, vierteln, Stielansätze und Kerne entfernen und würfeln. Kürbis schälen, von Kernen und inneren Fasern befreien und würfeln. Schalotte und Knoblauch schälen und hacken.

2 Paprika, Kürbis, Schalotte und Knoblauch in dem Öl anbraten, mit Zitronensaft ablöschen. Tomatenwürfel und -saft dazugeben, mit Salz und Pfeffer würzen und alles etwa 10 Minuten schmoren. Ingwer schälen und fein reiben.

3 Milch mit Eiern, Öl, Salz und Pfeffer verrühren. So viel Mehl dazugeben, dass ein glatter, flüssiger Teig entsteht. In einer beschichteten Pfanne mit wenig Öl 8 Crêpes backen und im Ofen bei 50 °C (Gas Stufe 1) warm halten. Thymian und Majoran waschen, Blättchen abzupfen. Oliven vierteln und mit Ingwer und Kräutern unter das Gemüse mischen. Crêpes mit dem Gemüse füllen und servieren.

VEGETARISCHE HAUPTSPEISEN

Kürbisrösti mit Jogurt-Dip

+++++++++++++++++++++++++++++++

Für den Dip
150 g Jogurt + 100 g Magerquark
2—3 El Zitronensaft
Salz, schwarzer Pfeffer aus der Mühle
1 Prise Zucker

Für die Rösti
500 g Kürbisfleisch (geputzt gewogen)
250 g Zucchini + 250 g Möhren + 1 Schalotte
1 Knoblauchzehe + Je ½ Bund Petersilie und Schnittlauch
100 g Bergkäse oder mittelalter Gouda + 3 Eier
2—3 El Mehl + Salz, schwarzer Pfeffer aus der Mühle
Cayennepfeffer + Öl zum Braten + 1 Kästchen Kresse

+++++++++++++++++++++++++++++++

Zubereitungszeit 30 Minuten

1 Jogurt, Quark, Zitronensaft, Salz, Pfeffer und Zucker glatt rühren und kalt stellen. Kürbisfleisch fein raffeln. Zucchini waschen, Möhren putzen und beides ebenfalls fein reiben. Schalotte und Knoblauch schälen und in sehr kleine Würfel schneiden. Die Kräuter abbrausen und fein hacken. Den Käse reiben.

2 Geraspeltes Gemüse mit den Eiern vermengen. Schalotte, Knoblauch, Kräuter, Käse und Mehl unterrühren. Mit Salz, Pfeffer und Cayennepfeffer würzen.

3 In einer beschichteten Pfanne jeweils etwas Öl erhitzen und den Teig darin portionsweise bei mittlerer Hitze etwa 4 Minuten braten, wenden und weitere 2 Minuten braten. Den Jogurtdip mit der abgeschnittenen Kresse garnieren und zu den frischen Rösti servieren.

Kürbis-Ravioli

+ +

Für den Teig

250 g Mehl + 2 Eier + 1—2 El Öl
1 Prise Salz + Mehl zum Ausrollen

Für die Füllung

600 g Kürbis + Salz, weißer Pfeffer aus der Mühle
1 Eigelb + 2 El geriebener Parmesan + 1 Knoblauchzehe

+ +

Zubereitungszeit 120 Minuten

1 Backofen auf 200 °C (Umluft 180 °C, Gas Stufe 3–4) vorheizen. Aus Mehl, Eiern, Öl und Salz einen Teig kneten und beiseite stellen.

2 Kürbis von Kernen und inneren Fasern befreien, aber nicht schälen. Auf einem Backblech im vorgeheizten Ofen etwa 40 Minuten backen, bis das Fleisch weich ist. Etwas abkühlen lassen, dann aus der Schale lösen und pürieren. Mit Salz, Pfeffer, Eigelb, Parmesan und der geschälten, durch die Presse gedrückten Knoblauchzehe vermengen.

3 Den Teig auf einer bemehlten Arbeitsfläche dünn ausrollen und mit einem Ausstechförmchen oder einem Glas Kreise von 8 Zentimeter Durchmesser ausstechen oder 7 mal 7 Zentimeter große Quadrate ausschneiden. Jeweils einen Teelöffel der Füllung in die Mitte setzen, die Teigtäschchen zu Halbkreisen oder Dreiecken zusammenklappen und die Ränder gut andrücken.

4 Die Ravioli portionsweise in siedendem Salzwasser in etwa 7 bis 8 Minuten gar ziehen lassen. Mit dem Schaumlöffel herausnehmen und gut abtropfen lassen.

Dazu schmeckt zerlassene Butter mit Salbei- oder Basilikumstreifen.

Kürbis-Gnocchi mit Salbeisauce

+ +

500 g Kürbisfleisch (geputzt gewogen)
Salz + 1 Tl Olivenöl
Salz, weißer Pfeffer aus der Mühle
1 Prise geriebene Muskatnuss
600 g Mehl + 2—3 Zweige frischer Salbei
4 El Butter + 1 El geschälte Kürbiskerne
50 g geriebener Parmesan

+ +

Zubereitungszeit 40 Minuten

1 Kürbisfleisch in Würfel schneiden, in einen Topf geben und mit so viel Wasser auffüllen, dass die Kürbiswürfel gut bedeckt sind. Salzen und etwa 10 Minuten dünsten. Kürbiswürfel herausnehmen, gut abtropfen lassen und pürieren.

2 Olivenöl unter das Püree rühren, mit Salz, Pfeffer und Muskatnuss würzen. Nach und nach das Mehl unterrühren, bis eine geschmeidige, nicht zu feste Masse entsteht.

3 Den Teig zu daumendicken Rollen formen und in etwa 2 Zentimeter lange Stücke schneiden. Salbei waschen, trockentupfen und die Blättchen abzupfen. Kürbiskerne hacken, Parmesan reiben und die Butter in einem kleinen Topf zerlaufen lassen.

4 In einem großen Topf reichlich Salzwasser zum Kochen bringen, die Gnocchi portionsweise vorsichtig hineingeben. Sobald sie an der Oberfläche schwimmen, sind sie gar. Gnocchi mit einem Schaumlöffel herausnehmen und auf Teller verteilen. Mit zerlassener Butter beträufeln und die gehackten Kürbiskerne sowie den Salbei darüber streuen. Den geriebenen Parmesan separat dazu reichen.

Blitzrisotto mit Kürbis

+ +

200 ml trockener Weißwein
600 ml Gemüsebrühe
400 g Kürbisfleisch (geputzt gewogen)
250 g Risottoreis (z. B. Arborio)
1/2 Bund glatte Petersilie
60 g Parmesan
Salz, schwarzer Pfeffer aus der Mühle
60 g Butter

+ +

Zubereitungszeit 35 Minuten

1 Wein und Brühe in einem großen Topf zum Kochen bringen. Kürbisfleisch in Würfel schneiden und in der Brühe etwa 8 Minuten köcheln lassen.

2 Den Reis dazugeben, aufkochen lassen und bei geschlossenem Deckel unter gelegentlichem Umrühren 15 bis 20 Minuten leise kochen lassen, bis der Reis die gesamte Flüssigkeit aufgesogen hat und weich ist, aber noch Biss hat. (Damit der Reis schön saftig und cremig wird, während der Kochzeit eventuell noch etwas Wein oder Wasser dazugeben.) In der Zwischenzeit Petersilie waschen, trockenschütteln und fein hacken. Parmesan reiben.

3 Topf vom Herd nehmen, Risotto mit Salz und Pfeffer abschmecken. Petersilie, Butter und Parmesan unterrühren und sofort servieren.

Kürbiscurry aus dem Wok

+ +

3 Frühlingszwiebeln + 1 Knoblauchzehe
500 g Kürbis + 250 g Kartoffeln
250 g Möhren + 250 g Zucchini + 1 El Öl
Salz, schwarzer Pfeffer aus der Mühle
1/2 Tl gemahlener Kreuzkümmel (Cumin)
1 Stück frischer Ingwer
2 Tl Currypaste (aus dem Asienladen)
150 ml Kokosmilch
1/2 Bund frisches Koriandergrün
(ersatzweise glatte Petersilie)
50 g geschälte Kürbiskerne

+ +

Zubereitungszeit 45 Minuten

1 Frühlingszwiebeln putzen, waschen und in Ringe schneiden. Knoblauchzehe schälen und fein würfeln. Kürbis schälen, von Kernen und inneren Fasern befreien. Kartoffeln schälen, Möhren putzen, Zucchini waschen. Alles in etwa gleich große Scheiben oder Stifte schneiden.

2 Öl in einem Wok oder einer großen Pfanne erhitzen. Nacheinander darin Möhren, Kartoffeln und Kürbis anbraten, zuletzt Zucchini, Frühlingszwiebeln und Knoblauch dazugeben und kurz mitbraten. Mit Salz, Pfeffer und Kreuzkümmel würzen. Ingwer schälen, fein reiben und unterrühren.

3 Currypaste in die Kokosmilch rühren und zum Gemüse gießen. Koriandergrün waschen, trockenschütteln und die Blättchen abzupfen. Zusammen mit den Kürbiskernen vor dem Servieren über das Gemüsecurry streuen.

Dazu schmecken Basmati- oder thailändischer Duftreis.

Süß-saures Kürbisgemüse

+ +

1 frische Ananas (oder 1 große Dose Ananasstücke)

800 g Kürbis

300 g Champignons

1 Zwiebel + 2 Knoblauchzehen

1 Stück frischer Ingwer

2 El Olivenöl

200 ml Ananassaft (oder Saft aus der Ananasdose)

Salz, schwarzer Pfeffer aus der Mühle

Cayennepfeffer + 1 El Rohrzucker

1 Prise Zimt + Saft von 1 Zitrone

1/2 Bund Koriandergrün (ersatzweise glatte Petersilie)

+ +

Zubereitungszeit 45 Minuten

1 Ananas längs vierteln, den Strunk und die Schale entfernen, das Fleisch in Würfel schneiden. Ananas aus der Dose abtropfen lassen, Saft dabei auffangen. Kürbis schälen, Kerne und innere Fasern entfernen und ebenfalls würfeln. Champignons waschen, putzen und halbieren bzw. vierteln. Zwiebel und Knoblauch schälen und fein würfeln. Ingwer schälen und fein reiben.

2 Kürbis, Champignons, Ingwer, Zwiebeln und Knoblauch etwa 5 Minuten in dem heißen Öl anschwitzen. Mit Ananassaft ablöschen und Salz, Pfeffer, Cayennepfeffer, Zucker, Zimt und Zitronensaft zufügen. Das Ganze 15 bis 20 Minuten schmoren und dabei etwas einkochen lassen. Etwa 5 Minuten vor Ende der Garzeit die Ananasstücke dazugeben. Mit Salz und Pfeffer abschmecken.

3 Koriander waschen, trockenschwenken und die Blättchen abzupfen. Vor dem Servieren unter das Gemüse mischen.

Dazu schmecken Basmatireis oder Salzkartoffeln.

Kürbis-Kartoffel-Auflauf

+ +

2 Zwiebeln

1 Knoblauchzehe

600 g Kartoffeln

1 kg Kürbis + 1 frische Chilischote

2 El Butter

Fett für die Form

200 g saure Sahne

100 g süße Sahne

2 Eier + Salz, schwarzer Pfeffer aus der Mühle

2 El geschälte Kürbiskerne

+ +

Zubereitungszeit 65 Minuten

1 Zwiebeln und Knoblauchzehe schälen und fein würfeln. Kartoffeln schälen. Kürbis schälen, von Kernen und inneren Fasern befreien. Kürbis und Kartoffeln in 2 bis 3 Millimeter dünne Scheiben schneiden. Chilischote waschen, putzen und fein hacken.

2 Backofen auf 200 °C (Umluft 180 °C, Gas Stufe 3–4) vorheizen. Zwiebel- und Knoblauchwürfel in dem heißen Fett glasig dünsten. Abwechselnd mit den Kartoffel- und Kürbisscheiben in eine gefettete Auflaufform schichten.

3 Saure und süße Sahne, Eier und die gehackte Chilischote verquirlen, mit Salz und Pfeffer kräftig würzen und gleichmäßig über den Auflauf gießen. Mit den Kürbiskernen bestreuen und im heißen Backofen etwa 35 Minuten backen.

HAUPTGERICHTE MIT FLEISCH UND GEFLÜGEL

Kürbis-Geflügel-Gratin

+ +

500 g Kartoffeln + 2 Zwiebeln
500 g Hühner- oder Putenbrust
2 El Butter
600 g Kürbisfleisch (geputzt gewogen)
1 rote Chilischote + 1 Knoblauchzehe
200 g saure Sahne
100 ml Milch + 2 Eier
Salz, schwarzer Pfeffer aus der Mühle
Je 1 Messerspitze getrockneter Rosmarin und Majoran
Fett für die Form + 3 El Kürbiskerne

+ +

Zubereitungszeit 75 Minuten

1 Kartoffeln mit der Schale in Salzwasser 20 bis 25 Minuten kochen. In der Zwischenzeit Zwiebeln schälen und würfeln. Die Geflügelbrust waschen, trockentupfen und in Würfel schneiden. Mit den Zwiebeln im heißen Fett anbraten.

2 Kartoffeln pellen und ebenso wie das Kürbisfleisch in Würfel schneiden. Backofen auf 200 °C (Umluft 180 °C, Gas Stufe 3–4) vorheizen.

3 Chilischote waschen, entkernen und klein hacken. Knoblauch schälen und sehr fein würfeln. Beides mit saurer Sahne, Milch und Eiern verquirlen und mit Salz, Pfeffer und den Kräutern würzen.

4 Kartoffeln, Kürbis und Fleisch mischen und in eine gefettete, feuerfeste Form geben. Eiersahne darüber verteilen und die Masse mit den Kürbiskernen bestreuen. Im Backofen auf der mittleren Schiene etwa 40 Minuten backen.

Entenbrust
mit Spagettikürbis

+ +

2 Entenbrüste + 1 unbehandelte Zitrone
2 Zweige Rosmarin
Salz, schwarzer Pfeffer aus der Mühle
1 El Öl + 1 Spagettikürbis
2 El Butter + 2 El Zucker

+ +

Zubereitungszeit 60 Minuten

1 Die Haut der Entenbrüste mehrmals kreuzweise einschneiden, ohne das Fleisch zu verletzen. Die Zitrone heiß abwaschen, abtrocknen und die Schale abreiben. Rosmarinblättchen fein hacken, mit Zitronenschale, Salz und Pfeffer mischen und die Entenbrüste auf beiden Seiten damit einreiben. Öl in einer großen Pfanne erhitzen, die Entenbrüste auf der Hautseite etwa 5 Minuten anbraten, wenden und weitere 2 Minuten braten. Die Hitze reduzieren und die Entenbrüste bei geschlossenem Deckel 40 Minuten schmoren.

2 Währenddessen den Kürbis der Länge nach halbieren und die Kerne entfernen. Die Kürbishälften mit der Schnittfläche nach oben in einen weiten Topf geben, etwa 5 Zentimeter hoch Wasser angießen und zum Kochen bringen. Zugedeckt etwa 30 Minuten dämpfen, bis das Kürbisfleisch in längliche Fasern zerfällt. Die »Spagetti« mit einer Gabel herausdrehen.

3 Butter in einem Topf zerlassen, den Zucker darin hellbraun karamellisieren lassen. Kürbisspagetti darin eine Minute lang schwenken. Den Saft der halben Zitrone untermischen. Spagettikürbis zu der aufgeschnittenen Entenbrust servieren.

Kalbsröllchen
mit Kürbisfüllung

+ +

4 dünne Kalbsschnitzel

Salz

Schwarzer Pfeffer aus der Mühle

400 g Kürbisfleisch (geputzt gewogen)

400 g Zucchini

3 El Öl

300 ml Kalbsbouillon

2 El Sherry

1 Tl Speisestärke

200 g süße Sahne

+ +

Zubereitungszeit 65 Minuten

1 Schnitzel flach klopfen, salzen und pfeffern. Kürbis in sehr kleine Stücke schneiden. Zucchini waschen, ebenfalls sehr fein schneiden und mit dem Kürbis mischen. Ein Viertel der Mischung auf die Schnitzel verteilen, diese aufrollen und mit Zahnstochern feststecken oder mit Küchengarn zusammenbinden.

2 Die Rouladen in 2 Esslöffel Öl anbraten. ¼ Liter Kalbsbouillon und den Sherry zufügen, zum Kochen bringen und die Rouladen darin 50 Minuten schmoren. Die Speisestärke mit der Sahne glatt rühren und in die Schmorflüssigkeit einrühren. Anschließend die Sauce noch einmal aufkochen und mit Salz und Pfeffer abschmecken.

3 Die beiseite gestellten Kürbis- und Zucchiniwürfel im übrigen Öl anbraten, die restliche Bouillon angießen und das Gemüse 5 Minuten zugedeckt dünsten lassen. Zu den Kalbsröllchen servieren.

Dazu schmecken gebutterte Salzkartoffeln oder Reis.

Kürbisgulasch

+++++++++++++++++++++++++++++++

3 Zwiebeln + 2 Knoblauchzehen
500 g Gulaschfleisch
(Schweine- und Rindfleisch gemischt)
3 El Öl + Salz, schwarzer Pfeffer aus der Mühle
1/2 Tl Paprikapulver, rosenscharf
1 Tl Paprikapulver, edelsüß
1/2 l Gemüsebrühe + 800 g Kürbis + 300 g Möhren
Je 1/2 Bund glatte Petersilie und Majoran
1 El Speisestärke + 100 g saure Sahne

+++++++++++++++++++++++++++++++

Zubereitungszeit 75 Minuten

1 Zwiebeln und Knoblauch schälen und würfeln. Fleisch in dem heißen Öl von allen Seiten scharf anbraten und herausnehmen. Zwiebeln und Knoblauch im Bratfett glasig dünsten.

2 Fleisch wieder dazugeben, mit Salz, Pfeffer und Paprika würzen. Die Brühe angießen und das Gulasch im geschlossenen Topf 45 Minuten schmoren lassen.

3 In der Zwischenzeit den Kürbis schälen, Kerne und innere Fasern entfernen und das Fruchtfleisch würfeln. Möhren putzen und in Scheiben schneiden. Majoran und Petersilie waschen, trockentupfen und fein hacken.

4 Gemüse und Kräuter zum Gulasch geben und weitere 15 Minuten bei kleiner Hitze kochen lassen. Die Speisestärke mit einigen Esslöffel Wasser glatt rühren, unter das Gulasch rühren und noch einmal aufkochen lassen. Zum Schluss mit saurer Sahne verfeinern, noch einmal kurz erhitzen und servieren.

Dazu passen Spätzle.

Schnitzel mit Kürbisgemüse

+ +

2 kg Kürbis + 1 Prise Salz

3 El Zitronensaft + 1 kleine Dose Kapern

2 rote Zwiebeln + 50 g Butter

50 g Mehl

4 Schweineschnitzel

2 El Öl + 200 g saure Sahne

3 El Zucker

Schwarzer Pfeffer aus der Mühle

Paprikapulver, rosenscharf

+ +

Zubereitungszeit 40 Minuten

1 Kürbis schälen, von Kernen und Fasern befreien. Das Fruchtfleisch in kleine Würfel schneiden und 5 Minuten in Salzwasser kochen. Abtropfen lassen und mit Zitronensaft beträufeln.

2 Kapern grob hacken. Zwiebeln schälen und fein würfeln. Butter aufschäumen lassen, Mehl einrühren und etwas anschwitzen lassen, Zwiebelwürfel, Kapern und Kürbiswürfel dazugeben und 15 Minuten schmoren lassen.

3 Schnitzel im heißen Öl braten, salzen und pfeffern. Saure Sahne an das Kürbisgemüse gießen, kurz erhitzen, mit Zucker, Pfeffer und Paprikapulver würzen. Zum Fleisch servieren.

Gefüllter Kürbis

+ +

70 g Reis + Salz + 1 ganzer Kürbis von etwa 2 kg

(z. B. Hokkaido, Oranger Knirps)

2 Zwiebeln + 2 Knoblauchzehen

1 frische Chilischote + 1 grüne Paprikaschote

150 g Möhren + 100 g Champignons

1/2 Bund glatte Petersilie + 350 g Rinderhackfleisch

2 El Öl + Schwarzer Pfeffer aus der Mühle

1 Tl Currypulver + 150 ml Gemüsebrühe

+ +

Zubereitungszeit 90 Minuten

1 Reis in Salzwasser garen. Kürbis waschen, einen Deckel abschneiden und das Innere herauslösen. Kerne und Fasern entfernen, das Fruchtfleisch in Würfel schneiden.

2 Zwiebeln und Knoblauch schälen und klein schneiden. Chilischote waschen, von den Kernen befreien und sehr fein würfeln. Paprikaschote waschen, vierteln, von Kernen und weißen Rippen befreien und fein würfeln. Möhren putzen und in Scheiben schneiden. Champignons putzen und halbieren bzw. vierteln. Petersilie waschen, trockenschütteln und fein hacken.

3 Den Backofen auf 200 °C (Umluft 180 °C, Gas Stufe 3–4) vorheizen. Hackfleisch im heißen Öl anbraten, bis es krümelig wird und der Fleischsaft verkocht ist. Zwiebeln zufügen und kurz mitbraten. Mit den vorbereiteten Gemüsen und dem Reis mischen und mit Salz, Pfeffer und Currypulver würzen.

4 Die Masse in den ausgehöhlten Kürbis füllen und die Brühe vorsichtig darüber gießen. Auf der mittleren Schiene im vorgeheizten Backofen etwa 20 Minuten garen. Den Deckel aufsetzen und weitere 10 Minuten garen.

HAUPTSPEISEN MIT FISCH

Forellen mit Kürbispüree

+ +

600 g Kürbis
4 Forellen
Öl für die Folie
Salz, schwarzer Pfeffer aus der Mühle
Kräuter der Provence
3 El Butter
1 El Ahornsirup
1 Prise gemahlener Kardamom
Salz, Cayennepfeffer

+ +

Zubereitungszeit 70 Minuten

1 Backofen auf 200 °C (Umluft 180 °C, Gas Stufe 3–4) vorheizen. Kerne und innere Fasern aus dem Kürbis entfernen. Kürbis mit der Schale im vorgeheizten Backofen etwa 45 Minuten garen, dann etwas abkühlen lassen. Backofen nicht ausschalten.

2 Inzwischen die Forellen abspülen, trockentupfen und jeweils auf ein mit Öl eingepinseltes Stück Alufolie legen. Die Bauchhöhle der Fische mit Salz, Pfeffer und Kräutern bestreuen und 2 Esslöffel Butter in Flöckchen hinein geben. Die Folie gut zusammenfalten, damit die Butter während des Garens nicht ausläuft.

3 Die Forellen auf ein Backblech oder in eine flache feuerfeste Form geben und im heißen Backofen etwa 25 Minuten garen.

4 Den etwas abgekühlten Kürbis schälen und das Fleisch zerdrücken oder mit dem Mixstab pürieren. Mit restlicher Butter, Ahornsirup und den Gewürzen vermengen. In eine feuerfeste Form geben, mit Alufolie abdecken und 5 Minuten, bevor die Forellen gar sind, zu den Fischen in den Backofen stellen und erwärmen. Das Püree zu den Fischen servieren.

Fischfilet mit Kürbiskruste

+++++++++++++++++++++++++++++++

4 Rotbarschfilets (à 200 g)
Saft von 1 Zitrone
Salz, schwarzer Pfeffer aus der Mühle
2 Schalotten + 300 g Kürbis + 2 El Öl
1/2 Bund Dill + 100 g saure Sahne
50 g Semmelbrösel
Zitronenpfeffer

+++++++++++++++++++++++++++++++

Zubereitungszeit 50 Minuten

1 Fischfilets waschen, trockentupfen, mit Zitronensaft beträufeln, salzen und pfeffern. Schalotten schälen und fein würfeln. Kürbis schälen, von Kernen und Fasern befreien und das Kürbisfleisch grob raspeln. Mit den Schalottenwürfeln im heißen Fett einige Minuten dünsten.

2 Den Backofen auf 180°C (Umluft 160°C, Gas Stufe 3) vorheizen. Den Dill waschen, trockenschütteln und fein hacken. Kürbisraspeln mit saurer Sahne, Dill und Semmelbröseln vermischen und mit Salz und Zitronenpfeffer würzen.

3 Die Fischfilets in eine flache feuerfeste Form legen, die Kürbismasse darauf streichen und das Ganze etwa 25 Minuten überbacken.

Dazu passt als Beilage Reis mit Wildreis gemischt.

Seezungenröllchen mit Kürbisfüllung

+ +

250 g Langkornreis + 150 g Blattspinat (TK)
600 g Kürbisfleisch (geputzt gewogen)
2 Schalotten + 4 El Butter
12 kleine Seezungenfilets (à ca. 100—150 g)
Saft von 1 Zitrone + Salz, weißer Pfeffer aus der Mühle
2 Zweige Kerbel + 250 g Möhren
250 ml Gemüsebrühe + 8 El Milch
Paprikapulver, edelsüß

+ +

Zubereitungszeit 55 Minuten

1 Reis nach Packungsaufschrift garen. Spinat auftauen und abtropfen lassen. Kürbisfleisch in Würfel schneiden. Schalotten schälen, fein würfeln und mit dem Kürbis in 2 Esslöffel Butter andünsten. Fisch abbrausen, trockentupfen, mit Zitronensaft beträufeln, salzen und pfeffern. Kerbel waschen und die Blättchen abzupfen. Die Hälfte der Kürbiswürfel salzen, pfeffern und mit Kerbel mischen.

2 Jedes Filet zuerst mit etwas Spinat belegen, dann etwas Reis und die Kürbis-Kerbel-Mischung darauf verteilen. Filets aufrollen, in Alufolie wickeln und gut verschließen. In siedendem Wasser etwa 10 Minuten gar ziehen lassen. Den restlichen Reis warm stellen.

3 Für die Sauce die Möhren putzen und fein würfeln, etwa 5 Minuten in der übrigen Butter schmoren. Restlichen Kürbis, Brühe und Milch dazugeben und etwa 5 Minuten schwach kochen lassen. Das Gemüse pürieren und mit Salz, Pfeffer und Paprika abschmecken. Die Fischröllchen aus der Alufolie wickeln und auf einer vorgewärmten Platte anrichten. Die Kürbissauce und den restlichen Reis separat dazu reichen.

Meeresfrüchtepfanne mit Kürbis

+ +

800 g Kürbis
1 Schalotte
200 g Lachsfilet
100 g Schollenfilet
8 Riesengarnelen, roh, mit Schwanz
100 g Miesmuschelfleisch (aus der Dose oder TK)
1—2 Tomaten · 1/2 Bund glatte Petersilie
2 El Butter
Salz, weißer Pfeffer aus der Mühle
100 ml Weißwein · Saft von 1/2 Zitrone

+ +

Zubereitungszeit 40 Minuten

1 Kürbis schälen, Kerne und innere Fasern entfernen. Fruchtfleisch in kleine Würfel schneiden. Schalotte schälen und fein würfeln.

2 Fischfilets abspülen, trockentupfen und in kleine Stücke schneiden. Garnelen abspülen, Muscheln im Sieb abtropfen bzw. auftauen lassen. Tomaten mit kochendem Wasser überbrühen, häuten und würfeln. Petersilie waschen, trockenschwenken und fein hacken.

3 Kürbiswürfel in der Butter etwa 5 Minuten andünsten. Schalotten, Fischwürfel und Garnelen dazugeben und weitere 3 Minuten dünsten. Zuletzt die Muscheln zufügen. Salzen, pfeffern und mit Weißwein und Zitronensaft aufgießen.

4 Tomatenwürfel und Petersilie zufügen, noch einmal erhitzen und das Fischragout sofort servieren.

Dazu passt Reis oder Weißbrot.

Kürbis-Fisch-Curry

+ +

1 El Tamarindenmark (Asienladen)
250 g Lachsfilet + Saft von 1/2 Zitrone
350 g Kürbis + 3 Stangen Staudensellerie
1 rote Paprikaschote + 4 Frühlingszwiebeln
1 Knoblauchzehe + 1 Stück frischer Ingwer
Einige Zweige Koriandergrün (ersatzweise glatte Petersilie)
2 El Erdnussöl + 8 Riesengarnelen, roh, mit Schwanz
1 El Currypaste (Asienladen)
400 ml Kokosmilch + Salz, Pfeffer aus der Mühle

+ +

Zubereitungszeit 65 Minuten

1 Tamarindenmark in 3 Esslöffel warmem Wasser einweichen. Lachs waschen, trockentupfen, in Würfel schneiden und mit Zitronensaft beträufeln. Kürbis schälen, Kerne und innere Fasern entfernen, in kleine Würfel schneiden. Staudensellerie putzen und in 1/2 Zentimeter lange Stücke schneiden. Paprika waschen, putzen und klein würfeln. Frühlingszwiebeln putzen und in Ringe schneiden, Knoblauch schälen und fein hacken. Ingwer schälen und reiben. Koriandergrün waschen, trockenschütteln und die Blättchen abzupfen.

2 Das Öl im Wok oder in einer großen Pfanne stark erhitzen, Lachswürfel und Garnelen rundherum anbraten, herausnehmen und beiseite stellen. Dann Kürbis, Sellerie und Paprika unter Rühren 5 Minuten anbraten. Hitze reduzieren, Frühlingszwiebeln, Knoblauch und Ingwer unterrühren.

3 Tamarindenmark durch ein Sieb streichen, mit der Currypaste verrühren und mit der Kokosmilch in den Wok geben. Einige Minuten leise kochen lassen, Lachs und Garnelen hineingeben und heiß werden lassen. Mit Salz und Pfeffer abschmecken und mit Korianderblättchen bestreuen.

DESSERTS

Kürbisparfait

300 g Kürbis
$^1/_2$ Vanilleschote
250 g süße Sahne
100 g Honig
50 g Amaretti
(italienische Mandelmakronen)

+++++++++++++++++++++++++++++++++

Zubereitungszeit 4 Stunden 40 Minuten

1 Kürbis schälen, von Kernen und inneren Fasern befreien und das Fruchtfleisch in kleine Stücke schneiden. Vanilleschote der Länge nach aufschneiden und das Mark herauskratzen.

2 Kürbis, Vanillemark und -schote mit 2 Esslöffel Sahne 8 bis 10 Minuten kochen, bis der Kürbis weich ist. Die Vanilleschote entfernen, den Honig dazugeben und unter Rühren auflösen. Alles pürieren und abkühlen lassen.

3 Restliche Sahne steif schlagen, Amaretti zerbröseln und beides unter das abgekühlte Kürbismus ziehen.

4 Eine Kastenform mit Alufolie auslegen, die Kürbismasse einfüllen und für etwa 4 Stunden in den Gefrierschrank stellen. Dabei alle 15 Minuten vorsichtig durchrühren, damit sich keine großen Eiskristalle bilden.

5 Das Parfait etwa 15 Minuten vor dem Servieren aus dem Gefrierschrank nehmen. Zum Servieren stürzen, die Alufolie abziehen, und das Parfait in Scheiben schneiden.

Dazu passt perfekt ein kleines Gläschen Amaretto (italienischer Mandellikör).

DESSERTS

Kürbissoufflé

+ +

500 g Kürbis
150 g Zucker
1/2 Vanilleschote
4 Eier
Butter und Zucker für die Förmchen

+ +

Zubereitungszeit 85 Minuten

1 Backofen auf 200°C (Umluft 180°C, Gas Stufe 3–4) vorheizen. Kürbis von Kernen und inneren Fasern befreien und mit der Schale im heißen Backofen etwa 40 Minuten garen. Den Kürbis etwas abkühlen lassen, dann aus der Schale lösen und mit Zucker und dem ausgeschabten Vanillemark pürieren. Backofen auf 180°C (Umluft 160°C, Gas Stufe 3) zurückschalten.

2 Vier Soufflé-Portionsförmchen buttern und mit Zucker ausstreuen. Eier trennen, Eigelb unter das Kürbispüree ziehen. Eiweiß steif schlagen, ebenfalls unter die Masse ziehen und diese sofort in die Förmchen füllen. Im heißen Backofen etwa 20 Minuten backen, bis das Soufflé hoch aufgegangen und leicht gebräunt ist. Sofort servieren.

Kürbis-Mousse

+ +

500 g Kürbisfleisch (geputzt gewogen)
2 El Orangensaft + 2 El Ahornsirup
1 El grüne Pistazienkerne + 200 g süße Sahne

+ +

Zubereitungszeit 25 Minuten

Kürbisfleisch klein würfeln, mit Orangensaft und Ahornsirup 10 Minuten leise kochen lassen, bis der Kürbis weich ist. Abkühlen lassen und pürieren. Pistazien hacken. Sahne steif schlagen, 4 Esslöffel davon abnehmen. Den Rest mit dem Kürbismus mischen, in Dessertschälchen verteilen. Mit der restlichen Sahne und den Pistazien garnieren.

Kürbis-Mandel-Creme

+ +

500 g Kürbis + 200 g süße Sahne
200 ml Milch + 125 g Rohrzucker
100 g gemahlene Mandeln + Je 1 Prise gemahlener Zimt und Kardamom
2 El Orangen- oder Mandellikör + 1 El Mandelblättchen

+ +

Zubereitungszeit 150 Minuten

Kürbis schälen, von Kernen und inneren Fasern befreien und das Fleisch raspeln. Mit Sahne, Milch und Zucker im offenen Topf 40 Minuten schwach kochen lassen, bis die Flüssigkeit stark eingekocht ist. Mandeln, Zimt, Kardamom und Likör untermischen. Kalt stellen. Vor dem Servieren die Mandelblättchen in einer Pfanne ohne Fett rösten und über das Dessert streuen.

Kürbis-Quark-Torteletts

+++++++++++++++++++++++++++++++++

600 g Kürbis
130 g Zucker
1/2 Vanilleschote
1 Gewürznelke
1 Zimtstange
100 g süße Sahne
250 g Quark
1 El Milch
1/2 Päckchen Vanillezucker
10—12 Mürbeteig-Torteletts (Fertigprodukt)
1 El Pistazienkerne

+++++++++++++++++++++++++++++++++

Zubereitungszeit 80 Minuten

1 Backofen auf 200 °C (Umluft 180 °C, Gas Stufe 3–4) vorheizen. Kürbis von Kernen und inneren Fasern befreien, aber nicht schälen. Auf einem Backblech im vorgeheizten Ofen etwa 40 Minuten backen, bis das Fleisch weich ist. Etwas abkühlen lassen, dann das Fleisch aus der Schale lösen und pürieren.

2 Kürbispüree in einem Topf mit 100 Gramm Zucker, der aufgeschlitzten Vanilleschote, der Gewürznelke und der durchgebrochenen Zimtstange unter häufigerem Umrühren etwa 20 Minuten einkochen lassen, bis es eine marmeladenartige Konsistenz bekommt. Vanilleschote, Nelke und Zimtstange entfernen. Sahne steif schlagen.

3 Quark mit Milch, Vanillezucker und restlichem Zucker glatt rühren, dann die Hälfte des Kürbispürees sowie die steif geschlagene Sahne vorsichtig unterziehen. Auf die Torteletts füllen und das übrige Kürbispüree dekorativ darauf verteilen. Mit den Pistazien garnieren.

Kürbispudding

+ +

450 g Kürbisfleisch
(geputzt gewogen)
700 ml Milch
140 g Zucker
2 cl Amarenalikör oder Ahornsirup
1/2 Vanilleschote
2 Eier

+ +

Zubereitungszeit 120 Minuten

1 Kürbisfleisch in Würfel schneiden und zusammen mit Milch, Zucker, Likör oder Sirup und dem ausgeschabten Vanillemark etwa 40 Minuten leise kochen lassen. Abkühlen lassen, pürieren und mit den Eiern verquirlen.

2 Creme in Portionsförmchen füllen und diese in einen weiten, mit heißem Wasser gefüllten Topf setzen, sodass das Wasser bis ein Fingerbreit unter den Rand der Förmchen reicht. Den Topf in den Backofen stellen, auf 120 °C (Gas Stufe 1) schalten und den Pudding etwa 50 Minuten garen.

3 Die Förmchen aus dem Wasserbad nehmen und den Pudding abkühlen lassen. Mit einem spitzen Messer den Rand lösen und den Pudding auf Servierteller stürzen.

Dazu schmeckt Vanillesauce.

Milchreis
mit Kürbiskompott

+ +

125 g Rundkornreis
1/2 l Milch
1 Päckchen Vanillezucker
1 Prise Salz
600 g Kürbis
3 El Honig
1/8 l Weißwein
3 El Orangensaft + 1 Prise gemahlener Zimt
Eventuell Zimt und Zucker zum Bestreuen

+ +

Zubereitungszeit 30 Minuten

1 Reis mit Milch, Vanillezucker und Salz aufkochen, dann zugedeckt bei sehr geringer Hitze etwa 20 Minuten ausquellen lassen. Dabei hin und wieder umrühren.

2 In der Zwischenzeit den Kürbis schälen, von Kernen und inneren Fasern befreien und klein würfeln. Mit dem Honig in einem Topf erhitzen, dabei gut umrühren. Mit Wein und Orangensaft auffüllen und mit Zimt würzen. Etwa 10 Minuten bei kleiner Hitze kochen, dann abkühlen lassen.

3 Milchreis und Kürbiskompott auf Desserttellern anrichten. Wer es gern süßer mag, mischt etwas Zimt und Zucker und bestreut den Milchreis damit.

Tipp

Wenn Kinder mitessen, ersetzen Sie den Weißwein durch Apfelsaft oder weißen Traubensaft.

GEBÄCK – SÜSS UND PIKANT

Pumpkin Pie

+ +

Für den Teig
250 g Mehl + 125 g kalte Butter
1 Eigelb + Je 1 Prise Salz und Zucker

Für die Füllung
500 g Kürbisfleisch (geputzt gewogen)
1/8 l Weißwein + 100 g Pecannüsse
1/2 Tl frisch geriebener Ingwer
1 Prise frisch geriebene Muskatnuss
100 g brauner Zucker + 2 Eier
125 g süße Sahne
Fett für die Form

+ +

Zubereitungszeit 90 Minuten

1 Mehl, Butter, Eigelb, Salz und Zucker mit 2 bis 3 Esslöffel Wasser schnell zu einem glatten Teig verkneten, zur Kugel formen und in Folie verpackt für 30 Minuten in den Kühlschrank legen.

2 Kürbisfleisch würfeln, mit dem Weißwein in einen Topf geben und so viel Wasser angießen, dass die Fruchtstücke bedeckt sind. Zum Kochen bringen und 15 Minuten bei kleiner Hitze kochen lassen. In der Zwischenzeit die Nüsse hacken.

3 Kürbis abtropfen lassen und pürieren. Mit Ingwer, Muskat, Zucker, Eiern, Sahne und Nüssen verrühren.

4 Den Backofen auf 200 °C (Umluft 180 °C, Gas Stufe 3–4) vorheizen. Eine Tarte- oder Springform (Durchmesser 26 Zentimeter) einfetten, den Mürbteig ausrollen und die Form damit auslegen. Die Kürbismasse einfüllen und den Pie im heißen Backofen auf der mittleren Schiene etwa 45 Minuten backen.

Kürbiswaffeln

Für etwa 12 Waffeln

+ +

250 g Kürbisfleisch (geputzt gewogen)
Abgeriebene Schale von ½ unbehandelten Zitrone
4 Eier + 125 g Butter
50 g Zucker
1 Päckchen Vanillezucker
1 Prise Salz
250 ml Milch + 250 g Mehl
Fett für das Waffeleisen
Puderzucker zum Bestäuben

+ +

Zubereitungszeit 40 Minuten

1 Kürbisfleisch fein raspeln, kurz (etwa ½ Minute) in kochendes Wasser legen, in einem Sieb abtropfen lassen und ausdrücken. Mit der Zitronenschale vermengen.

2 Die Eier trennen. Eigelbe mit Butter, Zucker, Vanillezucker und Salz schaumig rühren. Zunächst die Milch dazugeben, dann das Mehl darüber sieben und unterrühren. Zuletzt die Kürbisraspel und das steif geschlagene Eiweiß untermengen.

3 Jeweils 2 bis 3 Esslöffel Teig auf das gefettete Waffeleisen geben und zu goldbraunen Waffeln ausbacken. Mit Puderzucker bestäubt servieren.

Kürbis-Früchtebrot

+ +

300 g Kürbisfleisch (geputzt gewogen)

200 g gemischtes Trockenobst

250 g aromatischer Honig (z. B. Waldhonig)

1 l Milch

750 g dunkles Vollkornmehl

1 Päckchen Backpulver + 1/2 Tl Zimt

Je 1 Prise geriebene Muskatnuss, Nelken, Ingwer

Fett für die Form

+ +

Zubereitungszeit 110 Minuten

1 Kürbisfleisch in kleine Stücke schneiden und mit Wasser bedeckt in etwa 10 Minuten weich kochen. Abtropfen lassen und pürieren.

2 Trockenobst klein schneiden und mit wenig Wasser 5 Minuten sieden lassen. Honig und Milch in einem Topf erwärmen, bis sich der Honig aufgelöst hat.

3 Den Backofen auf 180 °C (Umluft 160 °C, Gas Stufe 3) vorheizen. Kürbismus mit Mehl, Backpulver und Gewürzen vermengen. Das abgetropfte Trockenobst und so viel Honigmilch dazugeben, dass eine geschmeidige Masse entsteht.

4 Den Teig in eine gefettete Kastenform (Länge 25 Zentimeter) geben und im heißen Backofen auf der mittleren Schiene etwa 80 Minuten backen.

Tipp

Um festzustellen, ob das Brot gar ist, stechen Sie mit einem Holzstäbchen in die Mitte des Laibes. Wenn beim Herausziehen kein Teig mehr daran klebt, ist das Brot fertig gebacken.

Französische Kürbistarte

+ +

Für den Teig
250 g Mehl + 125 g kalte Butter + 1 Ei
50 g Zucker + 1 Prise Salz + 1/8 l Milch
Fett für die Form

Für den Belag
1 kg Kürbis + 125 ml Weißwein
Je 1/2 Tl gemahlener Ingwer und Zimt
100 g gehackte Mandeln + 2 Eier
80 g Zucker + 100 g süße Sahne

+ +

Zubereitungszeit 110 Minuten

1 Aus Mehl, Butter, Ei, Zucker, Salz und Milch rasch einen Mürbeteig kneten. Den Teig zur Kugel formen, in Folie wickeln und 45 Minuten in den Kühlschrank legen.

2 In der Zwischenzeit den Kürbis schälen, Kerne und innere Fasern entfernen und das Fruchtfleisch in kleine Würfel schneiden. Kürbis mit Weißwein und den Gewürzen in etwa 15 Minuten weich kochen, abtropfen lassen und etwas zerdrücken.

3 Den Backofen auf 200 °C (Umluft 180 °C, Gas Stufe 3–4) vorheizen. Den Mürbteig ausrollen und eine gefettete Tarte- oder Springform (Durchmesser 26 Zentimeter) damit auslegen. Eier mit Zucker schaumig rühren, zunächst die Sahne, dann das Kürbispüree hineinrühren und zuletzt die Mandeln unterziehen.

4 Die Masse auf den Teig gießen und glatt streichen. Im heißen Backofen auf der mittleren Schiene etwa 45 Minuten backen.

Schmeckt ofenfrisch und mit Schlagsahne am besten!

Kürbis-Mandel-Kuchen

400 g Kürbis

150 g gemahlene Mandeln + 3 Eier

3 El Amaretto

80 g Rohrzucker

1 Prise Salz

Je 1 Tl Zimt und Vanillezucker

1 Tl abgeriebene Zitronenschale

150 g Mehl + 1 Tl Backpulver

Fett für die Form

Puderzucker zum Bestäuben

Zubereitungszeit 90 Minuten

1 Kürbis schälen, von Kernen und inneren Fasern befreien. Das Kürbisfleisch raspeln und mit den Mandeln vermengen. Eier trennen. Eigelbe mit Amaretto, Zucker, Salz, Gewürzen und Zitronenschale schaumig schlagen.

2 Mehl und Backpulver mischen, zu dem Kürbis-Mandel-Gemisch geben und zuletzt die Eigelbmasse unterziehen.

3 Den Backofen auf 180 °C (Umluft 160 °C, Gas Stufe 3) vorheizen. Das sehr steif geschlagene Eiweiß unter den Kürbisteig ziehen, die Masse in eine gefettete Kastenform (Länge 25 Zentimeter) füllen und im heißen Backofen auf der mittleren Schiene etwa 60 Minuten backen.

4 Den Kuchen in der Form auskühlen lassen, dann herausnehmen und vor dem Servieren mit Puderzucker bestäuben.

Kürbisstrudel

+ +

300 g TK-Blätterteig
800 g Kürbis
1 säuerlicher Apfel (z.B. Boskop)
200 g Rohrzucker
1/2 Vanilleschote
Saft und Schale von 1/2 unbehandelten Zitrone
1 Tl Zimt
50 g Rosinen
30 g Pinienkerne
Fett für das Blech
1 Eigelb + 1 El Milch

+ +

Zubereitungszeit 95 Minuten

1 Blätterteig auftauen lassen. Kürbis schälen, von Kernen und inneren Fasern befreien und in kleine Stücke schneiden. Apfel schälen, vom Kerngehäuse befreien und ebenfalls klein schneiden.

2 Kürbis- und Apfelstücke mit 2 Esslöffel Zucker und der aufgeschlitzten Vanilleschote unter ständigem Rühren etwa 15 Minuten weich kochen. Vanilleschote entfernen und die Masse abkühlen lassen. Restlichen Zucker, Zitronensaft und -schale, Zimt, Rosinen und Pinienkerne untermischen.

3 Den Backofen auf 180°C (Umluft 160°C, Gas Stufe 3) vorheizen, ein Backblech fetten. Die aufgetauten Blätterteigplatten mit Wasser bepinseln, aufeinander legen und zu einer Platte von etwa 30 mal 30 Zentimeter ausrollen. Kürbismasse darauf verteilen, den Teig von einer Seite her aufrollen und auf das gefettete Blech legen.

4 Eigelb mit Milch verquirlen, den Strudel damit einstreichen und etwa 40 bis 45 Minuten im heißen Ofen backen.

Kürbismuffins

+ +

200 g Kürbis

Abgeriebene Schale von 1 unbehandelten Zitrone

250 g Mehl + 2 Tl Backpulver

1 Prise Salz + ½ Tl gemahlener Zimt

1 Prise gemahlene Muskatnuss

2 Eier + 80 ml neutrales Öl (z. B. Sonnenblumenöl)

3 El Ahornsirup

150 g Jogurt + 50 ml Milch

Fett oder Papierförmchen für die Backform

Puderzucker zum Bestäuben

+ +

Zubereitungszeit 45 Minuten

1 Kürbis schälen, von Kernen und inneren Fasern befreien und grob raspeln. Mit der Zitronenschale mischen.

2 Backofen auf 200 °C (Umluft 180 °C, Gas Stufe 3–4) vorheizen. Eine 12er-Muffinform einfetten oder Papierförmchen hineinsetzen. Mehl mit Backpulver, Salz, Zimt und Muskatnuss mischen. Die Eier mit Öl, Sirup, Jogurt und Milch verschlagen, dann mit der Mehlmischung vermengen und die Kürbisraspel unterheben.

3 Teig in die Förmchen füllen und im heißen Backofen 20 bis 25 Minuten goldbraun backen. Etwas abkühlen lassen, aus der Form lösen und vor dem Servieren mit Puderzucker bestäuben.

Kürbis-Spinat-Torte

+ +

Für den Teig
250 g Mehl + 1 Tl Salz + 4 El Olivenöl + Fett für die Form

Für den Belag
250 g Kürbisfleisch (geputzt gewogen)
Salz + 200 g Spinat + 200 g Lauch
2 El Olivenöl + 50 g Parmesan
Schwarzer Pfeffer aus der Mühle

+ +

Zubereitungszeit 120 Minuten

1 Mehl, Salz und Olivenöl mit 6 bis 8 Esslöffel kaltem Wasser schnell zu einem glatten Teig kneten. Zu einer Kugel formen und 45 bis 60 Minuten bei Zimmertemperatur ruhen lassen.

2 Unterdessen Kürbisfleisch in Würfel von 1 Zentimeter Kantenlänge schneiden und in Salzwasser etwa 8 bis 10 Minuten weich kochen. Abtropfen lassen und mit einer Gabel grob zerdrücken. Spinat verlesen, waschen, 5 Minuten in wenig Salzwasser kochen und abkühlen lassen. Lauch putzen, waschen und in Ringe schneiden.

3 Lauch im heißen Olivenöl etwa 10 Minuten anbraten. Kürbis und Spinat dazugeben und 5 Minuten mitbraten. Parmesan reiben. Das Gemüse etwas abkühlen lassen, Parmesan unterrühren, mit Salz und Pfeffer abschmecken.

4 Den Backofen auf 190°C (Umluft 175°C, Gas Stufe 3) vorheizen. Den Teig ausrollen und Boden und Rand einer gefetteten Springform (Durchmesser 26 Zentimeter) damit auslegen. Die Gemüsemischung darauf verteilen. Eventuell Teigreste ausrollen, in Streifen schneiden, und die Oberfläche damit gitterartig belegen. Die Torte im Backofen auf der mittleren Schiene etwa 50 Minuten backen.

Pikante Kürbisrolle

+ +

300 g TK-Blätterteig

800 g Kürbis

2 große Möhren

2 grüne Paprikaschoten

3 El Olivenöl

100 ml Gemüsebrühe

Salz, schwarzer Pfeffer aus der Mühle

1 Tl Paprikapulver, rosenscharf

1—2 El gemischte Kräuter (frisch oder TK)

150 g Schafskäse + Fett für das Blech

+ +

Zubereitungszeit 100 Minuten

1 Blätterteig auftauen lassen. Kürbis schälen, von Kernen und inneren Fasern befreien und zunächst in Würfel, diese dann in Scheiben schneiden. Möhren und Paprika putzen, waschen und in feine Scheiben bzw. Streifen schneiden.

2 2 Esslöffel Öl in einer Pfanne erhitzen, die Gemüse darin etwa 5 Minuten anbraten. Brühe angießen, mit Salz, Pfeffer und Paprikapulver würzen und alles etwa 15 Minuten leise kochen lassen, bis die Gemüse gar sind. In einem Sieb abtropfen lassen. Dann die Kräuter und den in kleine Würfel geschnittenen Käse untermischen.

3 Den Backofen auf 180 °C (Umluft 160 °C, Gas Stufe 3) vorheizen, ein Backblech fetten. Die aufgetauten Blätterteigplatten mit Wasser bepinseln, aufeinander legen und zu einer Platte von etwa 30 mal 30 Zentimeter ausrollen. Gemüsemischung darauf verteilen, den Teig von einer Seite her aufrollen und auf das gefettete Blech legen.

4 Den Strudel mit dem restlichen Olivenöl bestreichen und im heißen Backofen etwa 40 bis 45 Minuten backen.

Kürbisbrot

+ +

300 g Vollkornmehl

1 Würfel frische Hefe (42 g)

3 Eier + 100 ml Olivenöl + 1 Tl Salz

Schwarzer Pfeffer aus der Mühle

400 g Kürbis

Je ½ Bund Petersilie, Schnittlauch, Majoran

2 El geschälte Kürbiskerne + Fett für die Form

+ +

Zubereitungszeit 120 Minuten

1 Mehl in eine Schüssel sieben, in die Mitte eine Vertiefung drücken. Hefe mit 2 Esslöffel lauwarmem Wasser anrühren und in die Mulde gießen. An einem warmen Ort zugedeckt 5 Minuten gehen lassen.

2 Eier mit Öl, Salz und Pfeffer verquirlen, über die Hefe gießen und alles mit dem Mehl zu einem geschmeidigen Teig kneten. Falls der Teig zu fest wird, geben Sie löffelweise warmes Wasser dazu, bis er geschmeidig ist. Den Teig zugedeckt 20 bis 30 Minuten an einem warmen Ort gehen lassen, bis sich sein Volumen deutlich vergrößert hat.

3 Kürbis schälen, von Kernen und inneren Fasern befreien, das Fruchtfleisch grob raspeln. Kräuter waschen, trockenschütteln und fein hacken. Kürbiskerne grob hacken. Alles unter den Hefeteig mengen und den Teig in eine gefettete Kastenform (Länge 25 Zentimeter) füllen. Nochmals abgedeckt 15 Minuten gehen lassen. Den Backofen auf 200 °C (Umluft 180 °C, Gas Stufe 3–4) vorheizen.

4 Das Brot im heißen Backofen auf der mittleren Schiene etwa 60 Minuten backen. In der Form abkühlen lassen.

Marmeladen und Eingemachtes

Gewürzkürbis

+ +
2 Knoblauchzehen + 4 getrocknete rote Chilischoten
1 l Rotweinessig + 500 g Zucker
4 Gewürznelken + 1 El schwarze Pfefferkörner
2 Lorbeerblätter + 1250 g Kürbisfleisch (geputzt gewogen)
+ +

Zubereitungszeit 20 Minuten

Knoblauch schälen und grob würfeln, Chilischoten mit dem Messerrücken zerdrücken. Beides mit Essig, Zucker und Gewürzen kochen lassen, bis sich der Zucker gelöst hat. Kürbisfleisch in Würfel von etwa 2 Zentimeter Kantenlänge schneiden, portionsweise in dem Gewürzessig glasig kochen (4 bis 5 Minuten), abtropfen lassen und in Twist-off-Gläser füllen. Danach den Sud kochend heiß über den Kürbis in die Gläser gießen und diese sofort verschließen.

Kürbis-Relish

+ +
700 g Kürbis + 500 g Zucchini
1 haselnussgroßes Stück frischer Ingwer
¼ l Obstessig + 1 kg Gelierzucker
+ +

Zubereitungszeit 30 Minuten

Kürbis schälen, von Kernen und Fasern befreien und fein raspeln. Zucchini waschen, putzen und raspeln. Ingwer schälen und klein schneiden. Alles mit Essig und Gelierzucker mischen, zum Kochen bringen und 4 bis 5 Minuten sprudelnd kochen lassen. In heiß ausgespülte Twist-Off-Gläser füllen.

Kürbis-Orangen-Chutney

+ +

2—3 Orangen
750 g Kürbisfleisch (geputzt gewogen)
1 Stück frischer Ingwer
250 g brauner Zucker
8 El Weißweinessig + ½ Tl Salz
Je 1 Prise Zimt, Piment, Nelken und Cayennepfeffer

+ +

Zubereitungszeit 65 Minuten

1 Orangen schälen, die Orangenfilets zwischen den Trennhäuten herausschneiden und ebenso wie das Kürbisfleisch in Würfel schneiden. Ingwerwurzel schälen und reiben.

2 Alle Zutaten in einem Topf zum Kochen bringen und unter Rühren bei kleiner Hitze etwa 35 Minuten kochen lassen. In heiß ausgespülte Twist-off-Gläser füllen, sofort verschließen und 5 Minuten auf den Deckel stellen.

Das Chutney schmeckt sehr gut zu Geflügel.

Kürbis-Chutney

+ +

1 kg Kürbisfleisch (geputzt gewogen)

2 El Salz + 2 Schalotten

150 g Möhren + 150 g reife Tomaten

100 g kandierter Ingwer

2 frische rote Chilischoten

2 El schwarze Senfkörner

1 El gemahlener Kurkuma

1 l Apfelessig + 150 g brauner Zucker

+ +

Zubereitungszeit 170 Minuten

1 Kürbisfleisch in etwa 2 Zentimeter große Stücke schneiden. Mit 1 Esslöffel Salz mischen und eine Stunde ziehen lassen.

2 In der Zwischenzeit Schalotten schälen und würfeln, Möhren putzen und grob raspeln. Tomaten mit heißem Wasser überbrühen, häuten und klein würfeln, Ingwer grob hacken. Chilischoten waschen, entkernen und fein hacken.

3 Kürbis abspülen, gut trockentupfen und mit allen Zutaten außer Zucker und Salz in einem großen Topf etwa 25 Minuten bei kleiner Hitze kochen lassen, bis der Kürbis weich ist.

4 Zucker und restliches Salz unter Rühren darin auflösen und weitere 60 bis 75 Minuten bei kleiner Hitze kochen lassen, bis die Masse dicklich eingekocht ist.

5 Das Chutney in saubere, mit kochendem Wasser ausgespülte Twist-Off-Gläser füllen, sofort verschließen und 5 Minuten auf den Deckel stellen. Vor dem Verzehr 1 Monat ziehen lassen.

Das Chutney passt sehr gut zu kaltem Braten und kurz gebratenem Fleisch.

Kürbis-Apfel-Kompott

+ +

1 kg Kürbis
1 kg säuerliche Äpfel
2 unbehandelte Zitronen
150 g brauner Zucker
1/2 l Cidre
2 Vanilleschoten + 1 Zimtstange

+ +

Zubereitungszeit 40 Minuten

1 Kürbis von Kernen und inneren Fasern befreien, schälen und in kleine Würfel schneiden. Äpfel schälen, vierteln, von den Kerngehäusen befreien und ebenfalls würfeln. 1 Zitrone heiß abwaschen, trockenreiben und die Schale abreiben. Mit Kürbis- und Apfelwürfeln mischen.

2 Zucker mit 2 Esslöffel Cidre in einem Topf flüssig werden lassen. Kürbis und Äpfel hineingeben und kurz karamellisieren lassen. Mit restlichem Cidre auffüllen.

3 Vanilleschoten aufschlitzen und das Mark herausschaben. Zimtstange durchbrechen, mit den Vanilleschoten, Vanillemark und dem Saft der Zitronen zu den Kürbis-Apfel-Würfeln geben. Eventuell noch etwas Wasser angießen, sodass alles gerade bedeckt ist. Aufkochen und 8 Minuten bei kleiner Hitze kochen lassen. Sofort in saubere und heiß ausgespülte Twist-off-Gläser füllen und verschließen. Das Kompott schmeckt zu Pudding, Grießbrei, Pfannkuchen und süßen Aufläufen.

Variante

Für ein alkoholfreies Kompott ersetzen Sie den Cidre durch Apfeloder — besonders fein — durch Quittensaft.

Kürbis süß-sauer

+ +

2 kg Kürbis
¼ l Weißweinessig
½ l Cidre + 1 kg Zucker
2 unbehandelte Zitronen
1 Stück frischer Ingwer
15 Gewürznelken
1 Zimtstange

+ +

Vorbereitungszeit 20 Minuten
Marinierzeit 12 Stunden
Zubereitungszeit 20 Minuten

1 Am Vortag Kürbis schälen, Kerne und innere Fasern entfernen. Fruchtfleisch würfeln und mit Essig übergossen über Nacht ziehen lassen. Am nächsten Tag herausnehmen und auf einem Sieb abtropfen lassen.

2 Cidre mit Zucker aufkochen und die Kürbiswürfel darin in etwa 10 Minuten glasig kochen.

3 In der Zwischenzeit die Zitronen heiß abwaschen, trockenreiben und in Scheiben schneiden. Ingwerwurzel schälen und in dünne Scheibchen schneiden.

4 Zitronen- und Ingwerscheiben, Nelken und die zweimal durchgebrochene Zimtstange zum Kürbis geben und die Masse aufkochen lassen. In saubere und heiß ausgespülte Twist-Off-Gläser füllen. Die Gläser verschließen und einige Minuten auf den Deckel stellen.

Kürbis-Zitrus-Konfitüre

+++++++++++++++++++++++++++++++++++++

**1,5 kg Kürbis + 2 unbehandelte Orangen
2 Zitronen + 1 kleines Stück frischer Ingwer
1/4 Tl Zimt + 1 kg Gelierzucker (1:1)**

+++++++++++++++++++++++++++++++++++++

Zubereitungszeit 30 Minuten

1 Kürbis schälen, Kerne und innere Fasern entfernen und das Fruchtfleisch sehr klein schneiden oder grob raspeln.

2 Orangen heiß abwaschen, trockenreiben und die Schale abreiben. Die Orangen dann schälen, die Filets zwischen den weißen Trennhäuten heraus- und in kleine Stücke schneiden. Zitronen auspressen. Ingwer schälen und fein raspeln.

3 Kürbis, Orangen, Zitronensaft und Ingwer mit 100 Milliliter Wasser, Zimt und Gelierzucker zum Kochen bringen. 3 Minuten unter Rühren kochen lassen.

4 Die Konfitüre in saubere und heiß ausgespülte Twist-off-Gläser randvoll einfüllen, sofort verschließen und für 5 Minuten auf den Deckel stellen.

Variante

Verwenden Sie anstelle der Zitronen einmal Limetten. Das sind sehr dünnschalige grüne Zitrusfrüchte, etwas kleiner als Zitronen und sehr würzig und sauer im Geschmack. Schälen Sie dann, bevor Sie den Saft auspressen, die grüne Schale mit einem scharfen Messer ab und schneiden Sie sie in feine Streifchen. Diese Streifen werden etwa eine halbe Minute vor Ende der Kochzeit zur Kürbismasse gegeben und sehen dann in der fertigen Konfitüre außerordentlich dekorativ aus.

Kürbis-Rumtopf

+ +

500 g Kürbisfleisch (geputzt gewogen)
1 Vanilleschote + 250 g Rohrzucker
0,7 l brauner Rum (42 %)

+ +

**Zubereitungszeit 10 Minuten
Ruhezeit 4 Wochen**

1 Das Kürbisfleisch in kleine Stücke schneiden. Vanilleschote der Länge nach aufschlitzen und vierteln. Kürbis mit Zucker und den Stücken der Vanilleschote in saubere, verschließbare Gläser schichten und mit dem Rum übergießen. Die Kürbiswürfel müssen vollständig mit Rum bedeckt sein.

2 Die Gläser verschließen und mindestens einen Monat ziehen lassen. Währenddessen die Gläser immer wieder durchschütteln, damit sich der Zucker vollständig auflöst und das Vanillemark aus den Schoten herauslöst.

Variante

Der Kürbis-Rumtopf sieht noch dekorativer aus, wenn die Kürbisstücke mit roten Früchten gemischt sind. Dann müssen Sie allerdings früher im Jahr beginnen ihn anzusetzen: Nehmen Sie im Sommer Erdbeeren, Johannisbeeren, Kirschen und Himbeeren (oder nur Ihre Lieblingssorte), und setzen Sie sie wie beschrieben mit Rum und Zucker an. Die Beeren müssen vollständig mit Rum bedeckt sein. Die Gläser nur zur Hälfte füllen, damit Platz für den Kürbis bleibt. Im Herbst füllen Sie die Gläser dann mit Kürbis, Vanilleschote und Rum auf und zuckern noch etwas nach. Die Fruchtstücke wieder völlig mit Rum bedecken. Vier Wochen später ist der Rumtopf fertig. Er eignet sich als hübsches Weihnachtsgeschenk und schmeckt zu Vanilleeis und Pudding.

Kürbis-Apfel-Konfitüre

+ +

1 kg Kürbis

2 säuerliche Äpfel

Saft von 1 Zitrone

1 kg Gelierzucker

4 El Calvados

+ +

Zubereitungszeit 35 Minuten

1 Kürbis schälen, von Kernen und Fasern befreien. Die Äpfel schälen und die Kerngehäuse entfernen. Äpfel und Kürbis fein würfeln und mischen.

2 Von der Mischung 1 Kilogramm abwiegen und mit dem Zitronensaft in 5 bis 8 Minuten weich dünsten. Dann den Gelierzucker hineinrühren, die Masse zum Kochen bringen und 3 Minuten sprudelnd kochen lassen.

3 Calvados unterrühren und die Konfitüre sofort in heiß ausgespülte Twist-Off-Gläser füllen. Die Gläser für 5 Minuten auf den Deckel stellen, dann umdrehen und nach dem Abkühlen kühl und dunkel lagern.

HALLOWEEN-PARTY

In Irland und den USA ist Halloween eines der größten Feste im Jahr. Dazu gehören gruselige Dekorationen, fantastisch-schaurige Verkleidungen, ausgehöhlte Kürbis-Laternen, Kürbisgerichte und Weissagungs-Spiele. Kinder ziehen verkleidet von Haus zu Haus mit dem Spruch: »Trick Or Treat« (das heißt in etwa: »Süßigkeiten, oder wir spielen dir einen Streich«).

Wenn Sie dieses Jahr auch einmal zu einer richtigen Halloween-Party einladen wollen, finden Sie in diesem Kapitel alles, was Sie dafür brauchen.

Woher kommt Halloween?

+ +

Von seinem Ursprung her ist Halloween ein keltisches Fest, mit dem die Kelten ihren Jahreswechsel am 1. November feierten und den Gott der Toten, Samhain, ehrten. Am Vorabend des neuen Jahres, am 31. Oktober, sollten mit großen Feuern, Opfern, Masken und Verkleidungen die Geister der Verstorbenen beschwichtigt und Hexen und Dämonen vertrieben werden. Außerdem versuchte man mit verschiedenen Orakelbräuchen die Ereignisse des kommenden Jahres zu erfahren.

Auch nach der Christianisierung hielten die Kelten an diesem Brauch fest. Seit 837 n. Chr. wird bei den Christen am 1. November Allerheiligen (engl. »All Saints Day« oder »All Hallows«) gefeiert. Der Abend vor Allerheiligen heißt deshalb »All Hallows' Even«, was zu »Halloween« abgekürzt wurde.

Tischdekoration

+ +

Arrangieren Sie bunte Zier- oder Kunststoffkürbisse auf einem unifarbenen Tischtuch. Dazwischen verteilen Sie einzelne Blüten von Lampionblumen und Ranken von wildem Wein oder Efeu. Für eine stimmungsvolle Tischbeleuchtung schneiden Sie von einigen kleinen Kürbissen die Deckel ab, höhlen die Kürbisse aus und schneiden dann mit einem spitzen Küchenmesser oder einem Linolschneider Löcher in die Schale: Am hübschesten und einfachsten sind kleine Muster wie etwa Zickzackformen oder Rauten. Dann kommt ein Teelicht hinein. Wenn Sie keine Zeit oder Lust zum Selberschnitzen haben, können Sie auch Kürbiswindlichter aus Keramik (in Blumen- und Dekogeschäften) kaufen.

Halloween-Kürbis schnitzen

+ +

1 großer orangefarbener Kürbis
(idealerweise die Sorte Jack O'Lantern,
möglichst gleichmäßig geformt und mit gutem Stand)
1 Löffel + 1 dunkler Filzstift
1 scharfes, spitzes Küchenmesser oder 1 Linolschneider
1 Teelicht oder 1 kleine Stumpenkerze

+ +

1 Vom Kürbis einen Deckel abschneiden, der gerade groß genug ist, damit Sie an das Fruchtfleisch herankommen. Mit einem Messer oder einem scharfkantigen Löffel das Fleisch herausschaben, dabei einen 2 Zentimeter dicken Rand stehen lassen.

2 Mit Filzstift Augen, Nase und Mund auf den Kürbis zeichnen und mit einem scharfen Messer oder Linolschneider herausschneiden.

3 Kerze anzünden und hineinstellen und den Kürbisdeckel wieder auflegen. Falls die Kerze zu wenig Sauerstoff bekommt und immer wieder erlischt, müssen Sie die Öffnungen vergrößern oder in den Deckel ein Loch schneiden.

Halloween-Bowle

Für 20 Gläser

+ +

1 Ogen- oder Netzmelone + 500 g Wassermelone
Saft von 1/2 Zitrone + 2 Flaschen trockener Weißwein
Etwa 1/2 Flasche Cassis (ca. 250 ml) + 2 Flaschen Sekt

+ +

**Zubereitungszeit 30 Minuten
Kühlzeit 3 Stunden**

1 Ogen- oder Netzmelone halbieren und ebenso wie bei der Wassermelone die Kerne entfernen. Das Fruchtfleisch der Melonen mit einem Kugelausstecher herauslösen und in ein gläsernes Bowlengefäß geben. Zitronensaft und eine Flasche Wein dazugießen und die Bowle 3 Stunden kalt stellen.

2 Vor dem Servieren die zweite Flasche Wein sowie den Cassis dazugeben und mit Sekt auffüllen. Eventuell noch etwas Cassis nachgießen, bis eine schöne »blut«-rote Farbe entsteht.

Draculas Lebenselixier

Für 1 Glas

+ +

100 ml Tomatensaft + 2 cl Wodka
Schwarzer Pfeffer aus der Mühle

+ +

Zubereitungszeit 5 Minuten

Verrühren Sie Tomatensaft, Wodka und Pfeffer in einem Longdrinkglas, und geben Sie einige Eiswürfel hinein.

Gänsehaut-Drink

Für 1 Glas

+ +

100 ml Kirschsaft

150 ml Bananensaft

+ +

Zubereitungszeit 5 Minuten
Gefrierzeit 12 Stunden

1 Den Kirschsaft am Vorabend der Party in einen Eiswürfelbehälter füllen und über Nacht in das Gefrierfach stellen.

2 Den Bananensaft in ein Longdrinkglas füllen, den Eiswürfelbehälter aus dem Gefrierfach nehmen und einige Kirschsaft-Eiswürfel hineingeben. (Wenn sich die Eiswürfel auflösen, bilden sich rote Schlieren in dem Bananensaft).

»Blutpudding«

Für 4—5 Portionen

+ +

1 Päckchen Vanille- oder
Sahnepudding zum Kochen
1/2 l Milch
50 g Zucker
250 ml Himbeer- oder Kirschsaft
2 Tl Speisestärke

+ +

Zubereitungszeit 120 Minuten

1 Pudding mit Milch und Zucker nach Packungsaufschrift zubereiten. Zum Erkalten in Portionsförmchen füllen.

2 Von dem Obstsaft einige Esslöffel abnehmen und damit die Speisestärke glatt rühren. Den restlichen Saft zum Sieden bringen, die
angerührte Speisestärke einrühren und einmal aufkochen lassen.
Vom Herd nehmen und abkühlen lassen.

3 Zum Servieren jeden Pudding auf einen kleinen Teller stürzen und
mit einem Teelöffel etwas Himbeer- bzw. Kirschsauce darüber lau-
fen lassen.

Pumpkin-Suppe

Für etwa 10 Portionen

+ +

1,5 kg Kürbis + 2 l Milch
Salz, weißer Pfeffer aus der Mühle
1 Knoblauchzehe + 125 g Butter
Saft und Schale von 1/2 unbehandelten Zitrone
1/4 Tl gemahlener Zimt
1 Messerspitze gemahlene Nelken + 5 Scheiben Weißbrot

+ +

Zubereitungszeit 40 Minuten

1 Kürbis schälen, von Kernen und inneren Fasern befreien. Das Fruchtfleisch sehr fein schneiden. 1 Liter Milch mit 1/4 Liter Wasser zum Kochen bringen und das Kürbisfleisch darin so lange bei kleiner Hitze kochen, bis es anfängt zu zerfallen. Etwas abkühlen lassen.

2 Kürbis in der Flüssigkeit pürieren, mit Salz, Pfeffer, der geschälten und durch die Presse gedrückten Knoblauchzehe und der Hälfte der Butter aufkochen. Die restliche Milch dazugeben und die Suppe noch einmal erhitzen. Mit Zitronensaft und -schale sowie Zimt und Nelken würzen.

3 Weißbrot entrinden, in Würfel schneiden und in der restlichen Butter rundherum anrösten. Zu der Suppe reichen.

Tipp

Servieren Sie die Suppe in einem großen ausgehöhlten Kürbis. Dafür schneiden Sie einen ausreichend großen Deckel ab, um mit der Suppenkelle gut hineinzugelangen. Dann entfernen Sie mit einem Löffel die Kerne und schneiden mit einem kleinen scharfen Messer das Fleisch bis auf einen 2 Zentimeter dicken Rand heraus. Vor dem Einfüllen der Suppe heiß ausspülen.

Über dieses Buch

DIE AUTORIN

Ricarda Nolte ist freiberufliche Autorin und Fachjournalistin auf den Gebieten Wellness und Ernährung. Sie studierte Ethnologie, Anthropologie und Kommunikationswissenschaften und arbeitete zunächst als Redakteurin bei einem Münchner Food-Verlag, bevor Sie sich 1997 selbstständig machte. Seitdem sind mehrere Bücher von ihr erschienen.

BILDNACHWEIS

Alle Fotos: Helga Florian, München
Styling: Alexander Lutz
Requisiten: Bauscher AG Hotelporzellan Weiden
   Nachtmann Bleikristall GmbH, Neustadt a.d. Waldnaab

Außer: Premium. Stock Photography GmbH, Düsseldorf: 92/3 (Maximilian); Stock Food, München: 7 (Eising), 9 (Newedel), 11 (THF), 12/3 (Westermann), 21 (Maximilian Stock), 28/9 (Eising), 57(Maximilian Stock), 65 (Brauner), 75 (Maximilian Stock), 89 (Eising), 109 (Sheffer), 113 (Bumann), 121 (Eising); stone/Getty Images Deutschland GmbH, München: 5/10 (Sanders), 42/3 (O 'Leary), 118/9 (Smith);

Freisteller: PhotoAlto: Fruits & Vegetables (Rozenbaum & Cirou), Paris mit Ausnahme von: Helga Florian: 3, 36

Titel: Mauritius Die Bildagentur GmbH, Mittenwald (Rosenfeld)

IMPRESSUM

Es ist nicht gestattet, Abbildungen und Texte dieses Buches zu digitalisieren, auf PCs oder CDs zu speichern oder auf PCs/Computern zu verändern oder einzeln oder zusammen mit anderen Bildvorlagen/Texten zu manipulieren, es sei denn mit schriftlicher Genehmigung des Verlages.

Weltbild Buchverlag, Augsburg
© 2000 Weltbild Verlag GmbH, Augsburg
2. Auflage 2000
Alle Rechte vorbehalten

Redaktion: Martha von Braunfels
Bildredaktion: Susanne Allende
Umschlag: Beatrice Schmucker, Augsburg
Layout/DTP/Satz: AVAK Publikationsdesign, München
Reproduktion: Repro Mayr, Donauwörth
Druck und Bindung: Offizin Andersen Nexö – ein Betrieb der INTERDRUCK Graphischer Großbetrieb GmbH, Leipzig

Gedruckt auf chlorfrei gebleichtem Papier
Printed in Germany
ISBN 3 89604-714-0

Stichwortverzeichnis

Apfel-Kürbis-Rohkost 16
Asiatischer Kürbissalat 18

Biostoffe 10
Blitzrisotto mit Kürbis 57
Blutpudding 124
Butternut 8

Crêpes mit Kürbisfüllung 52
Cucurbita maxima 6
Cucurbita moschata 6
Cucurbita pepo 6

Draculas Lebenselixier 122

Einkaufstipps 7
Entenbrust mit Spagetti-
kürbis 65

Feuriges Kürbisgemüse 46
Fischfilet mit Kürbiskruste
75
Forellen mit Kürbispüree 74
Französische Kürbistarte 98

Gänsehaut-Drink 123
Gartenkürbis 6
Gebackener Kürbis 44
Gefüllte Kürbisblüten 27
Gefüllter Kürbis 70
Gelber Zentner 7
Gewürzkürbis 108

Halloween 120
Halloween-Bowle 122
Halloween-Kürbis schnitzen
4, 121
Herbstsalat mit Kürbiskern-
Vinaigrette 14
Hokkaido 7

Jack O'Lantern 8

Kalbsröllchen mit Kürbis-
füllung 66
Kürbis auf Spinat 17
Kürbis süß-sauer 113
Kürbis-Antipasti 23
Kürbis-Apfel-Kompott 112
Kürbis-Apfel-Konfitüre 117

Kürbisarten 7
Kürbisbällchen 26
Kürbisblüten-Suppe 36
Kürbisbrot 105
Kürbis-Chutney 110
Kürbiscreme-Suppe I, II
34, 35
Kürbiscurry aus dem
Wok 58
Kürbis-Currysuppe 37
Kürbis-Fisch-Curry 80
Kürbis-Fisch-Eintopf 39
Kürbis-Frittata 24
Kürbis-Früchtebrot 96
Kürbis-Geflügel-Gratin 64
Kürbis-Gemüse-Pfanne 47
Kürbis-Gemüse-Topf 40
Kürbis-Gnocchi mit Salbei-
sauce 56
Kürbisgulasch 68
Kürbis-Kartoffel-Auflauf 61
Kürbis-Kartoffel-Salat 22
Kürbiskerne 11
Kürbis-Kochbananen-
Suppe 38
Kürbiskunde 6
Kürbis-Lauch-Gratin 45
Kürbis-Mandel-Creme 86
Kürbis-Mandel-Kuchen 99
Kürbis-Mousse 86
Kürbismuffins 101
Kürbis-Orangen-Chutney
109
Kürbisparfait 84
Kürbis-Pommes 26
Kürbispudding 89
Kürbis-Quark-Torteletts 88
Kürbis-Ravioli 54
Kürbis-Relish 108
Kürbisrösti mit Jogurt-
Dip 53
Kürbis-Rumtopf 116
Kürbissalat mit Honig-
Vinaigrette 15
Kürbissoufflé 85
Kürbis-Spinat-Torte 102
Kürbissprossen 11
Kürbissuppe mit
Käsecroûtons 30
Kürbisstrudel 100

Kürbissuppe mit Parma-
schinken 32
Kürbis-Tofu-Lasagne 48
Kürbiswaffeln 95
Kürbis-Zitrus-Konfitüre 114

Lagerung 10

Meeresfrüchtepfanne
mit Kürbis 78
Milchreis mit Kürbis-
kompott 90
Moschuskürbis 6
Muscade de Provence 9
Muskatkürbis 9

Nudeln mit Salsa Verde 51
Nudelsalat mit Kürbis 20

Orakelbräuche 120
Oranger Knirps 8

Pikante Kürbisrolle 104
Polentaschnitten mit
Kürbisgemüse 50
Pumpkin Pie 94
Pumpkin-Suppe 126

Reissalat mit Kürbis 21
Riesenkürbis 6
Rondini 8

Schnitzel mit Kürbis-
gemüse 69
Seezungenröllchen mit
Kürbisfüllung 76
Sommerkürbis 6
Spagettikürbis 8
Steirischer Ölkürbis 9
Süß-saures Kürbis-
gemüse 60

Tischdekoration 4, 120
Trinkbehälter 4
Türkenturban 8

Ungarische Kürbis-
suppe 33

Winterkürbis 6

STICHWORTVERZEICHNIS